Yucatán

Ortrun Egelkraut

Special

Allgemeines

Städtebeschreibungen

Mérida – Die »weiße Stadt« setzt auf die Zukunft

Das quirlige Zentrum rund um die Plaza Mayor besitzt ein ganz besonderes Flair. Es verbindet Koloniales und Zeitgenössisches, Kultur und Lebensfreude.

Campeche – Piratenstadt mit dekadentem Charme

Mehr und mehr besinnt sich die liebenswerte Stadt ihrer Vergangenheit. In ihren Museen überrascht sie mit erstaunlichen Schätzen aus den Maya-Städten.

Cancún – Die Ferienfabrik lässt kaum Wünsche offen

Die Boomtown verwöhnt mit makellosen Stränden und fantasievollen Hotels, besten Sportmöglichkeiten, aber auch schönen Geschäftszentren und Märkten.

Touren

Cozumel und Isla Mujeres: Inselträume

Seite 52

Cozumel, Kreuzfahrtziel und zugleich ganz auf den Tauchsport am Großen Maya-Riff eingestellt, gibt sich leger. Strände und Schnorchelreviere bezaubern auf der stillen Isla Mujeres.

Tour 1

Schönste Karibik: die Riviera Maya

Seite 59

Cancún – Xcaret – Xel-Ha – Tulum – Cobá: Feinsandige helle Strände, alte Maya-Städte und paradiesische Naturreservate sind die großen Pluspunkte der Ostküste.

Tour 2

Flamingos, Götter und »grünes Gold«

Seite 66

Cancún – Valladolid – Río Lagartos – Chichén Itzá – Izamal – Mérida: Lebhafte Maya-Dörfer und Cenotes, grandiose Tempel in Chichén Itzá und stille Lagunen mit Flamingo-Kolonien.

Tour 3

Maya-Dörfer und spanische Klöster

Seite 74

Mérida – Acanceh – Tecoh – Mayapán – Teabo – Ticul: Südlich von Mérida spiegeln kleine Orte mit ihren mitunter mächtigen Kirchen ein frühes Kapitel der Kolonialgeschichte.

Tour 4 — Harmonie in Stein: die Puuc-Route

Seite 80

Uxmal – Kabah – Sayil – Xlapak – Labná – Grutas de Loltún: Die verspielten Formen des »Maya-Barock« schmücken die Paläste von Uxmal und der kleineren Maya-Residenzen.

Tour 5 — Über Campeche nach Palenque

Seite 85

Mérida – Edzná – Campeche – Palenque: Über die archäologischen Anlagen der Puuc-Region und Campeche an der Golfküste zu Meisterwerken der großartigen Maya-Kunst im Regenwald von Chiapas.

Tour 6 — Ruinen im Regenwald: der Süden

Seite 90

Palenque – Francisco Escárcega – Calakmul – Xpujil – Kohunlich – Chetumal (– Cancún): Kleinode der Maya-Welt und aufregender Regenwald im tiefen Süden der Halbinsel.

Rechts: An der Karibikküste
bei den Ruinen von Tulum

Bildnachweis

Alle Fotos via/Andreas M. Gross außer Klaus Brod: 10, 27, 49, 62 (1); Ortrun Egelkraut: 2 (1), 10/11 (Fondbild), 25 (1), 35 (1), 41, 47, 54, 57, 62 (2), 66, 78, 86, 87 (1+2), 93, 97, Umschlag Rückseite (unten); Jürgen Fischer: 45; Siegmar Hohl: 11; Rainer Hackenberg: 6; Volkmar Janicke: 5, 81, 88; laif/Hedda Eid: 6/7 (Fondbild); laif/Tophoven: 9, 36; Harald Mielke: 55; Mundo Maya: 8/9 (Fondbild); Arturo Osorno: 40 (2), 50 (1), 50 (2), 59, 84, Umschlag Rückseite (oben); Titelbild: Gettyone Stone/Cosmo Condina.

Cancún bei Nacht

Laut, lauter, am lautesten: Wenn US-amerikanische
Studenten »Spring Break« feiern, also während ihrer Februar-
Semesterferien mit preisgünstigen Packages in die Luxushotels einfallen, dann machen lärmempfindliche Urlauber am
besten einen großen Bogen um Cancún. Junge Leute jedoch
lieben diese ausgelassene Zeit, wenn die *cerveza* in Strömen
fließt und die Nacht zum Tage wird.

Im Party Center

Party ist außerhalb der feinen Hotels in Cancún das ganze Jahr über
angesagt. **Party Center** heißt denn auch konsequent der Ort, an dem
sich die meisten Diskos, Tanzsalons, Bars und Musikkneipen versammeln und sich jedes einzelne Lokal mit einer superlauten Kostprobe

Das **Party Center** liegt am Knick der
L-förmigen Insel an einem großen Platz.
Einige Tipps:

❚ **Cats Reggae Club,** km 10. Reggae live und
andere heiße Rhythmen an sieben Tagen der
Woche (ab 21.30 Uhr), eine Institution!

❚ **Dady 'O,** km 9,5. Spektakuläre 3-D-Lasershow.
Ein Hotspot seit Jahren, mit fünf Bars und Snacks
bis in den frühen Morgen.

❚ **Daddy Rock,** km 9,5. Livemusik und Mitmach-
aktionen von Karaoke bis zum Wet-T-Shirt- oder
Bikini-Wettbewerb. Ab 18 Uhr.

seiner Live- oder Konser-
venmusik, von Reggae bis
Techno, gegen die Konkur-
renz Gehör zu verschaffen
versucht. Auch auf den
Freiflächen zwischen den
Lokalen herrscht bei Musik
und Action reger Betrieb.
Gediegene Unterhaltung
bietet das nahe **Centro
de Convenciones** in Form
einer allabendlichen
Folkloreshow.

Erlebnisgastronomie

»Erlebnisgastronomie« heißt das Zauberwort in vielen Restaurants, die zum leckeren Essen ein Mexiko inszenieren, wie es sich der (amerikanische) Tourist nach Hollywood-Vorbild vorstellt: Da verwandeln sich etwa im **Péricos** die Kellner in wilde Banditen, die einem das Essen quasi mit vorgehaltener Pistole auf den Tisch stellen – bis die Gäste vor Vergnügen auf den Tischen tanzen. Wie im Kino geht es auch im **Farandula** zu, doch herrscht hier die gepflegte Atmosphäre des »Goldenen Zeitalters« der 1940er Jahre, als die mexikanischen Melodramen der Kinowelt das Schluchzen lehrten.

■ **Farandula,** s. S. 52.
■ **Péricos,** Yaxchilán 71, geöffnet 13–2 Uhr.
■ **Señor Frogs,** Blvd. Kukulcan, km 9,5. Erst angenehm speisen, dann am selben Ort ausgelassen die Nacht einläuten. ○○
■ **Pat O'Brians,** km 11. Ein Stück New Orleans in der Karibik. Der Hurricane-Drink ist der Hit des Hauses.
■ **Tequila Sunrise,** km 8,5. Tequila bis zum Sonnenaufgang und dazwischen reichlich Stärkung. ○○

Diskos / Tanzclubs

(Hotelzone, alle am Blvd. Kukulcan)
■ **Azúcar,** Hotel Camino Real, km 9. Karibische Musik von Livebands aus Kuba. Man macht sich schick für diesen Auftritt. Öffnungszeiten Mo–Sa 21.30–4 Uhr.
■ **Christine's,** Tel. (9) 8 83 17 93, Hotel Krystal, km 9. Der eleganteste Tanzclub der Stadt, mit bestem Ruf seit Jahren. Ab 22 Uhr; Eintritt frei.
■ **Coco Bongo,** Forum by the Sea, km 9,5. Bühnen für Liveauftritte, und (Tanz-)Musik auf allen Ebenen: Rock'n'Roll, Dance Music, Trance, Pop der 70er und 80er Jahre, Salsa und Techno. 1800 Menschen finden in diesem Tempel Platz. Tequilabar ab Mittag, Terrassenbar ab 18 Uhr, Disco ab 22 Uhr. Dienstags Eintritt frei.
■ **Gypsy's,** km 10,5.
Flamenco live und gute Atmosphäre.
■ **Happening Cancún,** Plaza Terramar (nahe Plaza Caracol), Livebands wechseln mit DJs. Eintritt 10,99 US$ – und die Bar steht die ganze Nacht offen.
■ **La Boom,** Mystery und Tequila Boom, km 3,5. Eine der ältesten und immer noch »In«-Diskos mit Special effects und Videos nonstop und 3000 Gästen pro Nacht.
■ **Salon Merengue,** km 3,2. Die heißeste Salsamusik.
■ **Tequila Rock,** km 9. Disko bis zum Morgengrauen.

Ausgehen im Zentrum

Während die meisten Nachtschwärmer in der Hotelzone einen Spot gezielt ansteuern, lädt die Avenida Tulum in Cancún Centro zum Flanieren ein. Tür an Tür versuchen die Restaurants sich gegenseitig zu übertrumpfen. Und aus den oberen Stockwerken erschallt die Musik der Bars und Diskos. Jeder kann sich von seinen bevorzugten Tönen locken lassen.

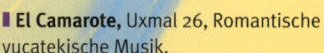

■ **El Camarote,** Uxmal 26, Romantische yucatekische Musik.
■ **La Bohemia de Alfonso,** Sayil 9. Noch romantischere Musik für Verliebte.
■ **Roots Jazz Club,** Tulipanes 26. Traditioneller und populärer Jazz-Club, dazu karibische Küche.

Natur
hautnah erleben

Die schönsten Reservate

Auf Yucatán gibt es zahlreiche Flecken, an denen Natur zu erleben ist, beinahe so wie Gott sie schuf: Das ausgedehnte Biosphärenreservat **Siaan Ka'an** (südlich von Tulum) besteht aus 5000 km² unterschiedlichster Vegetationszonen; u.a. Mangrovensümpfe, Waldinseln, Korallenriffe, Palmensavannen. Oder das winzige, von der Dorfgemeinschaft gehegte **Punta Laguna:** Dieses geschützte Stück Primärwald westlich von Playa del Carmen ist ein Rückzugsort für die letzten Klammeraffen von Yucatán. Die private Forschungseinrichtung **El Edén** liegt nicht weit von Cancún (nahe der Straße zur Isla Holbox) und ist doch eine andere Welt: Savannen, Lagunen und Buschwald (selva baja). Fünf Wildkatzenarten und viele Vogelarten leben hier. Einen Besuch der staatlich betriebenen Biologenstation auf der **Isla Contoy** (nördlich von Cancún) sollten Vogelfreunde ebenso wenig versäumen, wie die Erkundung der Sumpflandschaft **Río Lagartos** (westlich von Cancún), in der außerdem Reptilien leben. In der Lagunenlandschaft **Celestún** (am Golf von Mexiko) sind zahllose Flamingos beheimatet. Einen besonderen Reiz übt der Urwald von **Calakmul** aus (im Süden an der Grenze zu Guatemala), in dem alle Arten von exotischen Tieren leben: Tukane und buntes Federvieh, Affen und auch Pumas.

▌**Reserva Ecologica El Edén,** Marco A. Lazcano Barrero, Cancún, Tel./Fax (9) 8 80 50 32, E-Mail: reservaeleden@amtave.com.mx, eden@cancun.rce.com.mx
Mehrere Biologen haben das Privatreservat zu Langzeitbeobachtungen und Forschungszwecken eingerichtet. Für Besucher (nur nach Voranmeldung) stehen rustikale Unterkünfte bereit. Auf angelegten Pfaden beobachtet man in Begleitung von Biologen die Tierwelt.

Geführte Touren

Zu erreichen sind die meisten Reservate nur in einer organisierten Tour und die hat doppelten Vorteil. Zum einen wissen die Führer Bescheid über die Tücken oder Besonderheiten der Gegend und sorgen für passenden Transport und die richtige Ausrüstung, zum anderen sind gute Führer auch Experten in Flora und Fauna, die so manchem Stadtmenschen das Sehen neu lehren.

Die Touren der Agentur **Ecoturismo Yucatán** – Inhaber Alfonso Escobedo spricht hervorragend Deutsch – verbinden Natur und Abenteuer, Archäologie und sportliche Aktivitäten.

Schwimmen in Cenotes

Höhlen- oder Cenotetauchen ist eine der abenteuerlichsten – und gefährlichsten – Sportarten, bei der man sich nur zuverlässigen Führern anvertrauen sollte. Schwimmen in leicht zugänglichen Cenotes bietet dagegen Spaß und Erfrischung für jedermann. Der **Gran Cenote** an der Straße von Tulum nach Cobá ist leicht zum Schwimmen zugänglich und hat eine Durchschnittstiefe von 12 m. Unterirdisch gelangt man nach rund 1000 m zum **Cenote Kalimba**. Beim **Cenote Ponderosa** (auch Cenote Eden genannt; 4 km südl. von Puerto Aventuras) sind über 15 Cenotes durch etwa 1200 m Wasserwege miteinander verbunden. Populäre, leicht zugängliche Schwimm-Cenotes sind **Dzibilchaltun** (auf dem Ruinengelände), **Dzitnup** (nahe Valladolid) und der kleine romantische **Cenote Azul** (nahe Tulum; ausgeschildert).

Tipp Außer einer Badehose sollte man ein Handtuch dabeihaben. Sonnencreme ist beim Schwimmen in Cenotes und Naturschutzgebieten absolut tabu.

▌ **Ecoturismo Yucatán,** Mérida, Tel. (9) 9 20 27 72, Fax 9 25 90 47; www.ecoyuc.com. Von halbtägigen Kajaktouren durch die Mangroven an Yucatáns Küsten bis zur mehrtägigen Expedition in den Süden Yucatáns mit Übernachtung im Camp. Auch Höhlentauchen in Cenotes. Spezialität: Maßgeschneiderte Touren nach den Wünschen der Gäste.

▌ **Amigos de Sian Ka'an,** Tel. (9) 8 84 95 83, Fax 8 87 30 80. Tagesausflug ins Reservat Sian Ka'an ca. 65 US$. Start bei der Bungalowanlage »Ana y José«, Tulum.

▌ **Colon Tours,** Cancún, Tel. (9) 8 84 18 98. Tagesausflüge auf die Vogelschutzinsel Isla Contoy, ca. 60 US$.

▌ **Ecocaribe,** Cancun, Tel. (9) 8 83 42 04, Fax 8 83 25 74. Tauchexkursionen und die Unterwasserwelt stehen im Mittelpunkt, aber auch Vogelbeobachtung.

▌ **EcoColors,** Tel. Fax (9) 8 84 95 80, E-Mail ecoco@cancun.com.mx. Führt u. a. nach Sian Ka'an, Río Lagartos, Calakmul, El Edén, außerdem Tauch- und Schnorcheltouren, Fahrradvermietung.

Tauchen:

▌ **Solo Buceo,** Hotel Camino Real, Cancún, Tel. (9) 8 83 01 00, solo.buceo@mail.caribe.net.mx. Tagesausflug zum Cenotetauchen 130 US$.

▌ **Yucatek Divers,** Av. 15 Norte, entre Calle 2 y 4 Centro, Playa del Carmen, Tel. (9) 8 77 60 26, info@yucatek-divers.com. Aquatech, Tulum, Tel./Fax (9) 8 75 90 20.

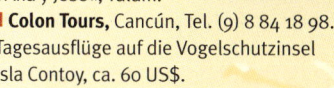

Ein langer Tag in Xcaret

In Xcaret, dem ersten und größten Freizeitpark an der Riviera, dienen die Mayapyramiden als Teil der grandiosen Kulisse für ein nächtliches Spektakel, das mehr mit Las Vegas als mit den alten Maya zu tun hat, aber durch eine eindrucksvolle Inszenierung fasziniert.

Das vielfältige Angebot von Xcaret füllt einen langen Tag vergnüglich aus; Perfektionisten, die alles abhaken wollen, müssen sich sogar sputen – oder wiederkommen. Allein das **Folkloreprogramm** reicht von den Voladores, den »fliegenden Menschen«, über die Charreada, eine verwegene Rodeoart, bis zu schmelzenden Liebesliedern der

Mariachis und feurigen Tänzen. Man kann mit **Delfinen schwimmen,** Krokodilen und Schildkröten ziemlich nahe kommen und im **Aquarium** einen trockenen Blick auf die einzigartige Unterwasserwelt der Korallenriffs werfen.

Höhepunkt ist der **unterirdische Fluss,** dem die meisten Besucher zustreben. Irgendwie sehen sie alle aus wie rosa Fische: Ausgestattet mit knallrosa Schwimmweste, mit Schnorchel und Taucherflossen steigen sie ein paar felsige Stufen hinab und lassen sich hineingleiten in das frische Wasser. Eine sanfte Strömung treibt sie vorwärts, nimmt sie mit durch weite Höhlen und enge Passagen, man muss kaum schwimmen.

▌**Xcaret,** 74 km von Cancún, Tel. (9) 8 83 31 44, Öffnungszeiten Mo–Sa 8.30–21, So 8.30–18 Uhr. Eigener Shuttlebus ab Cancún (Blvd. Kukulcán km 9): 9, 10, 11 Uhr. Eintritt: 39 US$, Kinder (5–11 Jahre) 19,50 US$. Extrakosten für Delfinschwimmen. Zur Erholung laden Strände und Hängematten ein, nicht zu vergessen die gute Küche in vier Restaurants: Mexikanisches, Fisch, Snacks oder ein Buffet stehen zur Wahl. Am Ausgang wartet ein riesiger Shop mit unzähligen Souvenirs auf. Wer hier nichts findet …

Natürliches Aquarium

Die Attraktion in Xel-Ha heißt Schnorcheln im »größten natürlichen Aquarium der Welt«. Wo sich Meerwasser mit Süßwasser mischt, tummeln sich mindestens zwei Dutzend bunter Fischarten. Man wandert oder fährt bequem in einem Bähnchen durch trockenen Buschwald zu einer Quelle, von der aus man zum Ausgangspunkt zurückschwimmen, -schnorcheln oder sich in einem Reifen treiben lassen kann. Restaurants und Hängematten sind nicht weit.

▌**Xel-Ha,** 120 km von Cancún, Tel. (9) 8 71 41 20, Öffnungszeiten 8.30–18 Uhr. Eintritt 19 US$, Kinder (4–12 Jahre) 11,40 US$. »All-inclusive« (u. a. Mahlzeiten): 45 US$ (30 US$). Schwimmen mit Delfinen 55 US$ (11, 12, 14, 15 Uhr).

Freizeitparks
am Karibikstrand

Sie haben von Sonne, Strand und Palmen fürs erste genug und wollen etwas erleben? Kein Problem bei einem Urlaub an der mexikanischen Riviera: Für Familien und Neugierige, die das bequeme Abenteuer bevorzugen, sind Freizeitparks ideal. Sie machen einst verborgene Naturschönheiten für jedermann zugänglich – rund 40 US-Dollar kostet der Spaß allerdings, doch dafür wird viel geboten.

Bei den drei Flüssen

In Tres Rios verbinden sich drei Flüsse zu malerischer Lagunenlandschaft, die sich zu Wasser – im Kanu oder zu Land - zu Fuß, auf dem Fahrrad oder hoch zu Pferd erkunden lässt. Mutige tauchen in Unterwasserhöhlen. Zauberhafte Lagunen und Mangroven, Cenotes mit unterirdischen Flüssen verbunden, Dschungelvegetation mit ihrer einzigartigen Tierwelt und natürlich Mayapyramiden.

▌**Tres Ríos,** 60 km von Cancún, Tel. (9) 8 87 80 77, Öffnungszeiten 9–18 Uhr, Eintritt 52 US$, Kinder 42 US$, all-inclusive (Fahrrad, Kajak, Mittagsbuffet). Wer online bucht (www.tres-rios.com), zahlt nur 44 US$; Aktiv-Touren kosten extra (z. B. Paket Eintritt plus Schnorcheln: 55 US$).

Tipp Anreise zu den Parks aus Cancún und Playa del Carmen mit Bussen Richtung Tulum oder mit örtlichen Reiseveranstaltern.

Natur und Sport

Der Eco-Park Xpu-Ha vereint Naturerlebnis mit sportlichen Aktivitäten. Er liegt an puderfeinem Strand und einer ruhigen Bucht, ideal zum Schnorcheln und Tauchen. Ein Vogelpark erleichtert die Tierbeobachtung; im Freigelände könnte man einem Venado (Hirsch) begegnen. Mit dem Kajak ist die Flussmündung zu erkunden.

▌**Xpu-Ha,** 95 km von Cancún, Tel. (9) 8 85 00 20, Öffnungszeiten 9–17 Uhr, Eintritt 29 US$, all inclusive.

Mundo Maya – eine Welt für sich

»Ma c'ubab than« – »Wir verstehen eure Worte nicht«, erwiderten die Maya auf die Frage der Eroberer nach dem Namen ihres Landes. Die Spanier machten daraus Yucatán. Bis Mitte des 20. Jahrhunderts blieb *la península de Yucatán* isoliert vom übrigen Mexiko – Cancún liegt näher an Kuba (350 km) und Miami (900 km) als an Mexiko-Stadt (1600 km).

1950 erreichte die Eisenbahn Mérida, 20 Jahre später wurde die erste Straße von Villahermosa nach Mérida gebaut, kurz danach begann die Entwicklung Cancúns. Heute gehört die Region zu den beliebtesten Touristenzielen Mexikos.

Lage

Wie ein Hundekopf ragt Yucatán ins Meer: Cancún liegt auf der Schnauze, während das Wasser der Bucht von Chetumal in das offene Maul strömt. Mérida bildet ein Auge, Campeche hat sich hinter den Ohren festgesetzt. Und das zottige Fell: Lagunen, Buchten, Riffe und Sandbänke, die die 1500 km Küste auflockern. Im Westen und Nor

den umspült der Golf von Mexiko, ein Zentrum der Erdölförderung, die Landmasse. Die Karibik im Osten hingegen erfüllt mit ihrem türkisfarbenem Wasser und den Sandstränden im Schutz des Großen Maya-Riffs alle Urlaubsträume.

Geografisch reicht die flache Halbinsel bis zum Golf von Honduras und schließt das zu Guatemala gehörende Hügelland des *Petén* ein; im Westen geht Yucatán an der Laguna de Términos über in das Sumpfland von Campeche.

Die politische Grenze zwischen Mexiko und Guatemala wurde 1823 nahezu schnurgerade gezogen, der Lauf des Río Hondo trennt Yucatán von Belize.

Landschaftsformen

Vor Millionen von Jahren tauchte die Halbinsel aus dem Meer auf, eine poröse Kalksteintafel, gebildet aus Muschelschalen und abgestorbenen Korallen. Die Oberfläche ist durchlöchert wie ein Schweizer Käse. Jeder Tropfen Wasser wird sofort verschluckt, unterirdisch aber tun sich Wunder auf. Wassergefüllte Höhlen, Tunnel und hunderte von Cenotes (s. S. 14) sind teilweise miteinander verbunden in gewaltigen Systemen, die zunehmend erforscht werden. Im Norden gibt es keinen einzigen Fluss, aber reichlich Wasser fließt im Südwesten dem Meer zu.

Gleichförmiger Buschwald im Norden, Regenwald im Süden und an den Küsten Palmen, Mangrovendickicht und Sümpfe kennzeichnen das Landschaftsbild. Im Lauf der Jahrhunderte wurden in die dichte Vegetation mächtige Breschen geschlagen – sowohl von Holzfällern als auch für den landwirtschaftlichen Anbau.

Cenote Dzitnup

Klima und Reisezeit

Es kann sehr schweißtreibend sein in Yucatán und manchmal dennoch überraschend kühl. Die Halbinsel liegt in der *tierra caliente*, dem tropisch heißen Tiefland, mit Mitteltemperaturen um 25 °C. Das Wasser verwöhnt ganzjährig mit 24 °C.

In Küstennähe wird die Hitze durch leichte Brisen angenehm aufgefangen, im Binnenland, z. B. in Mérida, allerdings klettert das Thermometer nicht selten auf 35 °C. Hohe Luftfeuchtigkeit herrscht beständig im südlichen Regenwald. Dort kommt es zu einer ausgeprägten Regenzeit (Mai–Okt.). Während dann Feldwege im Schlamm versinken, abgelegene Orte unerreichbar sind und manche Hauptstraße zeitweise unpassierbar wird, verzeichnet der nördliche Teil der Halbinsel oft nur sporadische Niederschläge.

Der kalte Wind *El Norte* aus dem Norden, der sich über dem Golf von Mexiko mit Feuchtigkeit auflädt, kann mitten in der Trocken- und somit besten Ferienzeit spürbare Abkühlung so-

wie reichlich Regen bringen, von 24 Stunden bis zu drei Tagen, und das mehrmals von November bis März.

Die Regenzeit beginnt kräftig im Mai und klingt mit der Hurrikansaison im Herbst (Sept./Okt.) aus. Dazwischen liegen angenehme Wochen mit nur vereinzelten Schauern. Die schönste Reisezeit ist November, da dann die Natur frisch grün und das Preisniveau im Keller ist. Die Baumblüte gibt dem Januar seinen Reiz.

Viel Wirbel: Hurrikane

Hurrikan »Gilbert«, der 1988 in Nordyucatán eine Schneise der Vernichtung zog, ist nicht vergessen. 1995 richtete »Roxanna« vor allem in Campeche schwere Schäden an. Die Halbinsel wird vom Nordostpassat überweht, der sich im September/Oktober zu karibischen Stürmen mit über 200 km/h verwirbelt, wenn sich das Meer und die darüber liegenden Luftmassen auf über 27 °C aufheizen. Hurrikane schlagen etwa alle 15 Jahre zu. Anders als bei Erdbeben, die auf Yucatán nicht vorkommen, ist die Entwicklung der Stürme erkennbar und dementsprechende Vorsorge möglich.

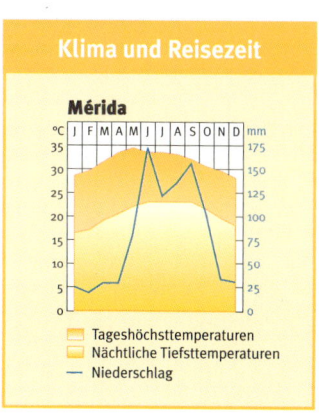

Natur und Umwelt

Flora

Auf den ersten Blick und nicht weniger bei längeren Fahrten erscheint die Natur eintönig: Wohin man sieht, nichts als trockener Buschwald und schnurgerade Straßen. Doch wer aussteigt, wird eine überraschende Vielfalt entdecken. Und auf Dorfplätzen sowie in Gärten blühen prächtige Flamboyantbäume und Bougainvilleen. Einzelne Bäume wie Ceiba und spanische Zeder ragen über den niederen Wald, *monte bajo*, hinaus.

30 m Höhe und mehr erreicht der Regenwald *(selva)* im Süden. Charakteristisch sind der Kautschukbaum *zapote* und Mahagoni *(caoba),* außerdem wilder Kakao und der Räucherharzbaum *copal.* Überall da, wo der Brotnussbaum *ramón* wie in Anpflanzungen auftaucht, sind Maya-Ruinen zu finden. Ramones lieferten Früchte sowie Stärke, die dem Maismehl beigemischt wurde. Ausgedehnte Savannen entstanden durch Abbrennen des Waldes – eine Methode der Maya, Wild auf übersichtlichem Gebiet zu jagen. Das Land der Maya wird auch *tierra del faísan y del venado* genannt, denn erlegt wurden »Fasan« (gemeint ist der Truthahn) und Hirsch. Beide waren ebenso mythologische Wesen.

Fauna

In der *Mundo Maya,* die fünf mexikanische Staaten (Tabasco, Chiapas, Campeche, Yucatán, Quintana Roo) umfasst, wurden rund 1200 Schmetterlingsarten registriert, außerdem 165 Reptilien- und Amphibienarten sowie über 600 Vogelarten.

Den Regenwald durchstreifen Tapir, Jaguar, Puma, Ozelot und kleinere Wildkatzen wie Jaguarundi, doch zeigen sich die scheuen Tiere kaum. Weniger zurückhaltend geben sich Nasenbären, Pekaris (Nabelschweine) und Gürteltiere. Häufig trifft man auf Leguane in den Maya-Ruinen.

Flamingos bevölkern die Nordküste, wo sie in flachen Lagunen nach Krabben fischen, die ihnen die rosa

Cenotes, chultunes, aguadas

An der Oberfläche fließt kein Fluss. Doch in der Tiefe ist Yucatán reich an Wasser. Wie sonst ließe sich ein Ferienzentrum vom Zuschnitt Cancúns versorgen?

Maya-Siedlungen befinden sich meist in der Nähe von *cenotes.* Der *dzonot* war den Maya heilig als Sitz des Regengottes Chac und als Eingang zur Unterwelt. Cenotes sind runde, steilwandige Wasserbecken, die durch den Einsturz einer Höhlendecke entstanden sind. Der Grundwasserspiegel liegt dann offen da wie in einem Brunnen.

In der Puuc-Region fließt das Grundwasser in 120 m Tiefe, und daher gibt es hier keine Cenotes. Die Bevölkerung baute *chultunes,* unterirdisch ausgemauerte Höhlungen, in denen sich das Regenwasser sammelte. Diese Zisternen konnten je nach Größe eine Familie oder eine ganze Stadt bis zur nächsten Regenzeit versorgen.

Aguadas sind Vertiefungen, die sich in der Regenzeit mit Wasser füllen. Mit Kanälen haben die Maya nachgeholfen, dass alles Wasser dort zusammenfloss.

Maya-Frauen tragen in Yucatán vielfach die bestickten weißen Kleider, »huipiles«

Farbe geben (Río Lagartos, Celestún). Jabirús (Störche) kehrten in die Sümpfe von Campeche, Tabasco und nach Sian Ka'an zurück. Dieses Biosphärenreservat ist ähnlich den Inseln Holbox und Contoy ein Paradies für Pelikane, Kormorane und Fregattvögel.

In freier Wildbahn erlebt man Tukane oder *guacamayas* (Hellrote Aras) selten. Dafür können die Prachtexemplare in Vogelparks an der *Riviera Maya* bei Cancún bewundert werden.

Die Trockenwälder im Umkreis der Maya-Stätten im Norden sind bevölkert von fröhlichen bunten Sängern wie den rot-schwarzen Trupialen und gelbgrauen Pirolen. Ganz besonders schön ist der Motmot oder *toh:* Wenn sich die Sägeracke auf einem Ast niederlässt, bewegt sie ihren türkisblauen Schwanz noch lange hin und her wie ein Pendel.

Unter den Wasserbewohnern ist das *manatí*, die karibische Seekuh, hervorzuheben, ein schwergewichtiges Tier, das frühe Seefahrer an der Mär von Sirenen und Seejungfrauen glauben ließ.

Durch die Einrichtung von Nationalparks und Biosphärenreservaten soll der Lebensraum der Tiere und Pflanzen geschützt werden. Anzahl und Größe haben in den letzten Jahren erfreulich zugenommen (s. Sian Ka'an, S. 64, Calakmul, S. 91)

Bevölkerung

Die Maya waren die ersten, denen die Spanier im heutigen Mexiko begegneten, und sie hielten am längsten den Eroberungsversuchen stand. 1502 stieß Kolumbus vor der Küste von Honduras auf ein Handelsschiff eines Volkes, das er *Mayan* nannte. 40 Jahre später hatten die Spanier auch Yucatán erobert – 21 Jahre, nachdem das Azteken-Reich gefallen war. Die Maya blieben rebellisch, die weißen Herren antworteten mit Unterdrückung und Sklaverei. Epidemien, Hurrikane, Hungersnöte, Aufstände und Kriege dezimierten die Bevölkerung.

El Mayab, der poetische Maya-Name des Landes, bedeutet: »Es waren wenige.« Heute leben rund 3 Mio. Menschen auf der Halbinsel. Ein Drittel, so wird geschätzt, spricht das yucatekische Maya, eine von etwa

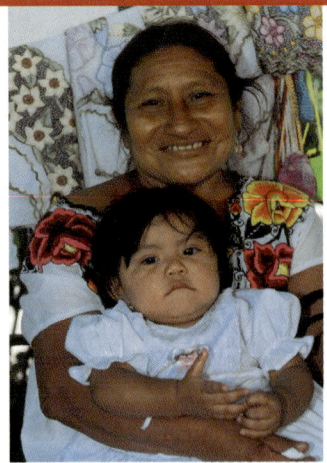

Enge Familienbande

dreißig Maya-Sprachen, mit denen sich in der gesamten Mundo Maya 7,5 Mio. Menschen verständigen.

Verglichen mit den Indígenas anderer mexikanischer Regionen geht es den Yucatán-Maya relativ gut. Niemand scheint zu hungern, selbst wenn die Nahrung oft recht einseitig aus Mais und Bohnen *(frijoles)* besteht. Was man zum Leben braucht, haben die Maya – aber auch nicht mehr.

Die auf dem Land lebenden Maya werden in Yucatán *mestizos* genannt, während sich die Oberschicht für weiß hält. In den Zeiten des Henequén-Booms galt sie noch als *casta divina*, die göttliche Kaste. Die wirtschaftlich führende Rolle hat inzwischen die *casta beduina* übernommen: Arabische Einwanderer kontrollieren den Handel. Aber alle sind mit Stolz *Yucatecos* und nur dem Pass nach Mexikaner.

Im Rückblick: Der Krieg der Kasten

Seit der Unabhängigkeit Yucatans (1840) hatten die Weißen ihren Landbesitz ständig ausgeweitet, die Maya,

die sie einer niederen *casta* (Rasse) zuordneten, von ihren Feldern verdrängt und ihnen Steuerlasten aufgebürdet. Man hatte sie zu Kanonenfutter im Bürgerkrieg zwischen Campeche und Mérida gemacht und ihnen Waffen in die Hand gegeben. Die richteten die Maya ab 1847 gegen ihre Unterdrücker.

An Grausamkeit übertrafen sich beide Seiten. Innerhalb eines Jahres hatten die Maya die wichtigsten Orte besetzt. Der Angriff auf Mérida und Campeche stand bevor. Die yucatekische Regierung flehte im Ausland um Hilfe, bot den Staat als Bezahlung für die Niederschlagung des Aufstandes an, hob die Steuern auf. Da drehten die *Indígenas* ab: Die Zeit der Aussaat stand bevor.

1848 war der Krieg verloren, 150 000 Menschen starben. Gefangene wurden als Sklaven nach Kuba verkauft. Einige Rebellen zogen sich in den Südosten der Halbinsel zurück. Sie gründeten das Maya-Reich *Chan Santa Cruz,* das sich 50 Jahre halten konnte. Ein Wunder kam den Anführern zu Hilfe. Das »sprechende Kreuz« *(Cruz Parlante),* dem ein Bauchredner die Stimme lieh, forderte die Maya zum Weiterkämpfen auf. Aus dem einen Kreuz wurden drei Kreuze und viele Abbilder, deren Botschaften bald nur noch vom Tatich oder Nochoch-X-men, dem großen Schamanen, verstanden wurden.

Der Krieg flammte wieder auf, als das ferne Mexiko sein Interesse an der Ausbeutung der Urwälder entdeckte. 1898 schickte Präsident Porfirio Díaz seine Truppen, 1901 war Chan Santa Cruz erobert. Der Glaube an die »sprechenden Kreuze« aber dauert fort.

Tihosuco (80 km von Felipe Carrillo Puerto) erinnert in zweifacher Hinsicht an die *Guerra de Castas:* mit einem aufschlussreichen Museum und den

Ruinen einer prächtigen Kolonialstadt. Die zerstörte Kirche wird längst wieder genutzt.

Eine Vielzahl interessanter Texte über die Kultur, das Alltagsleben und die Mentalität der Bevölkerung finden Sie in dem Polyglott-Band **Land & Leute Mexiko.**

Religion und Brauchtum

Die Mehrzahl der Bevölkerung bekennt sich zum katholischen Glauben, kleine Gruppen haben sich von evangelischen Sekten bekehren lassen. Daneben halten sich uralte Zeremonien und Glaubensvorstellungen, insbesondere in Verbindung mit der Bestellung des Maisfeldes. Die Kirche ist z. B. Schauplatz für die Zeremonie *Ch'a Chak* in Quintana Roo. Unter Glockenläuten werden die Regengötter angerufen. Der Dorfschamane *(x-men)* bereitet ihnen eine Opfergabe aus Tortillas, der Priester teilt unterdessen Hostien aus.

Präspanische Götter und christliche Heilige bestimmen in eindrucksvollem Synkretismus das Leben der Dorfgemeinschaft. Auch der Glaube an

Das »grüne Gold«

Als die Spanier Yucatán eroberten, fanden sie nicht das erhoffte Gold, nur stachelige Pflanzen, das Einzige, was im kargen Norden wuchs. Erst sehr viel später, Mitte des 19. Jhs., entblätterte sich die Henequén-Agave als »grünes Gold«. Die Maya hatten die harten dornigen Blätter immer schon weich geschlagen und die Fasern herausgeschält, um Seile, Körbe und Säcke für den Transport zu knüpfen.

Nach der Unabhängigkeit erkannten die Hacendados den Nutzen der Pflanze und weiteten den Anbau für *henequén* aus. Die Indígenas mussten als Tagelöhner schwerste Arbeit leisten, wie Sklaven wurden sie gehalten, wenn sie in Schuldabhängigkeit gerieten. Körperliche Erleichterung, dafür mehr Arbeit auf den Feldern, brachte die *desfibradora,* eine Maschine, die in Sekundenschnelle die goldgelben Fasern aus den Blättern presste. Nahezu gleichzeitig wurde in den USA die Mähmaschine erfunden, die auch Garben binden konnte. Die Nachfrage nach Henequén stieg, das nun – weil es leichter auszusprechen war – nach dem Ausfuhrhafen Sisal benannt wurde. In Yucatán begann um 1850 das goldene Zeitalter der Henequén-Barone – und ein Jahrhundert immensen Reichtums für wenige.

Nach dem Zweiten Weltkrieg und mit der Einführung der Kunstfaser ging es mit Henequén bergab. Haciendas wurden verlassen und verfielen, die staatliche »Cordemex« übernahm die Produktion; sie gab Ende der 1980er Jahre auf. Einige Campesinos bauen noch oder wieder Henequén an, verarbeiten es in alten Einrichtungen mit vorsintflutlich anmutender Maschinerie. Naturprodukte sind wieder gefragt, z. B. zum Binden von Tomaten und Tabak. Um die Entsorgung nach der Ernte muss man sich keine Gedanken machen: Sisal verrottet.

Hexen, böse und gute Geister ist lebendig.

Richtige Poltergeister scheinen die *aluxes* zu sein. Die zwergenähnlichen Wesen beschützen das Maisfeld, die *milpa,* und treiben so manchen Schabernack. Manchmal entführen sie jemanden, der nach Wochen oder Jahren zurückkehrt, ohne zu wissen, was überhaupt geschah.

Politik und Verwaltung

Die Vereinigten Mexikanischen Staaten sind eine föderale Republik aus 31 Bundesstaaten und dem Bundesdistrikt (D. F.) Mexiko-Stadt. Staatsoberhaupt ist der auf sechs Jahre gewählte Staatspräsident.

Die Bundesländer *(estados),* in Gemeinden *(municipios)* unterteilt, werden von ebenfalls auf sechs Jahre gewählten Gouverneuren regiert. Die Regionalpolitik ist eng an die Vorgaben der Zentralregierung geknüpft.

Wie ein Ypsilon verläuft die Grenze zwischen den drei Staaten auf der Halbinsel Yucatán: Campeche im Südwesten, Yucatán im Norden und Quintana Roo im (Süd-)Osten.

Steckbrief

Halbinsel Yucatán:
ca. 140 000 km² groß; liegt wie die Sahara auf etwa 20° nördlich des Äquators;
ca. 3 Mio. Einwohner, etwa 70 % Mestizen, 30 % Maya.
Bundesstaaten: Yucatán (Yuc.), 40 000 km², Hauptstadt Mérida;
Campeche (Camp.), 50 000 km², Hauptstadt Campeche;
Quintana Roo (Q. R.), 50 000 km², Hauptstadt Chetumal.

Wirtschaft

In Quintana Roo und Yucatán ist der Tourismus Wirtschaftsfaktor Nummer eins, während Campeche durch Fischerei und Landwirtschaft die höchsten Einnahmen erzielt. Die reichen Erdölvorkommen – 75 % der nationalen Fördermenge kommen aus dem Golf vor Campeche – brachten neue Arbeitsplätze und den Ausbau der Infrastruktur, aber keine direkten Einnahmen, da alle Bodenschätze nationales Eigentum sind.

Industrie ist auf der Halbinsel rar, einzig Mérida wurde in den letzten Jahren zu einem Zentrum der *maquiladora.* Die sog. Lohnveredelungsbetriebe gehören ausländischen, meist US-amerikanischen und japanischen Firmen, die von billigen mexikanischen Arbeitskräften Elektro-, Autoteile oder Textilien fertigen lassen und diese zollfrei ausführen dürfen.

Landwirtschaft spielt in allen drei Staaten eine wichtige Rolle. Angebaut werden Mais, Reis, Zuckerrohr, Zitrusfrüchte, Mangos, Papayas, Avocados, Bananen sowie Blumen. Viehzucht nimmt zu, der Holzeinschlag geht zurück. Kautschuk wird in geringen Mengen gewonnen. Traditionell werden Salz, Honig und Wachs ausgeführt.

Arbeitgeber Tourismus

Der Tourismus bringt Devisen und schafft Arbeitsplätze, wenngleich längst nicht mehr alle Einwanderer in Cancún einen festen Job finden. Da die Maya-Stätten sich zu wahren Besuchermagneten entwickelten, werden immer mehr archäologische Zonen erschlossen. Dass bei Grabungsarbeiten Campesinos vorübergehend Arbeit finden, ist gerade in den wirtschaftlich schwachen Regionen bedeutsam.

Geschichte im Überblick

1200 v. Chr. Erste menschliche Spuren aus der Höhle von Loltún.
1200–400 v. Chr. Olmeken-Kultur in Tabasco.
600 v. Chr. Älteste Dorfsiedlung in Tikal. Um 500 v. Chr. entwickeln sich Städte und Fernhandel.
Um 1325 gründen die Azteken im Hochland die Stadt Tenochtitlán.
1451 Niedergang Mayapáns, der letzten bedeutenden Maya-Stadt.
1511 Schiffbrüchige Spanier landen an der Südküste von Yucatán.
1517 Hernández de Córdoba entdeckt die Isla Mujeres.
1519 Cortés geht in Cozumel an Land. 1521 erobert er Tenochtitlán (Ende des Azteken-Reiches).
1540 Montejo d. J. gründet Campeche, zwei Jahre später Mérida.
1546 Yucatán ist in spanischer Hand. Franziskaner beginnen zu missionieren und errichten Kirchen auf den Tempeln der Maya.
16.–18. Jh. Yucatáns Bevölkerung wird durch Epidemien und Hunger dezimiert. Die Maya erheben sich (ab 1546) gegen die Grundbesitzer, die die Indianer ausbeuten.
1562 Ketzergericht von Maní. 1571 Beginn der Inquisition in Mexiko.
1648 Schwarze Sklaven aus der Karibik werden eingeführt.
1697 Tayasal (Guatemala), das letzte unabhängige Maya-Fürstentum, wird besiegt.
1810–1821 kämpft Mexiko um die Unabhängigkeit von Spanien. Yucatán beteiligt sich nicht.
1823 Mexiko wird Republik; Yucatán schließt sich an. Im Jahr darauf löst sich Chiapas von Guatemala und wird mexikanischer Bundesstaat.

1840 Yucatán erklärt seine Unabhängigkeit von Mexiko. Es wird von Texas unterstützt, das 1836 den Staatsverband verlassen hatte.
1841–1843 Krieg zwischen Yucatán und Mexiko. General Andrés Quintana Roo verspricht Yucatán föderale Rechte.
1845 Die Zentralregierung verbietet Einfuhren aus Yucatán, das sich erneut für unabhängig erklärt. Campeche gibt für Yucatán eine Neutralitätserklärung im Krieg zwischen Mexiko und USA ab. Die Eigenmächtigkeit führt zum Krieg zwischen Campeche und Mérida.
1847–1901 Krieg der Kasten.
1863 Campeche wird Bundesstaat.
1902 Das Maya-Reich Chan Santa Cruz wird zum Bundesterritorium Quintana Roo.
1910 Beginn der Revolution.
1917 Mexikanische Verfassung.
1922 Felipe Carrillo Puerto wird Gouverneur von Yucatán. Er will die Forderungen der Revolution durchsetzen und wird 1924 von Konterrevolutionären erschossen.
1974 Quintana Roo wird mexikanischer Bundestaat; Cancún empfängt die ersten Touristen.
1994 Inkrafttreten des Nafta-Freihandelsabkommens. Aufstand der EZLN-Zapatistas unter Beteiligung vieler Maya-Indígenas in Chiapas.
1998 Der »Corredor Turístico« wird zur *Riviera Maya* ernannt.
2000 Mit Vicente Fox wird erstmals ein Kandidat der Opposition, der konservativen PAN, zum Präsidenten gewählt. Damit geht die rund 70-jährige Herrschaft der PRI zu Ende. Freihandelsabkommen mit Europa unterzeichnet.

Kultur gestern und heute

»Zuerst bildete sich die Erde mit Gebirgen und Tälern. (...) Darauf schufen sie die Tiere ...«, aber die konnten nicht sprechen und nicht den Namen der Schöpfer preisen. Sie waren »fortan verdammt, getötet und gefressen zu werden«. Also schufen die Götter die Menschen. Das glückte erst im dritten Anlauf. Der Mensch aus Lehm weichte im Wasser auf, der Mensch aus Holz hatte weder Herz noch Verstand. Der Mensch aus Mais schließlich verkörperte das wahre Leben.

Der Schöpfungsmythos der Maya, aufgezeichnet im »Popol Vuh«, dem »Buch des Rates« (s. S. 26), handelt von göttlichen Taten und Naturerscheinungen und gilt der westlichen Wissenschaft als »Bibel der Maya«. Der rational erfassbare Beginn der Maya-Welt liegt um 2000 v. Chr., als die ersten Gruppen nomadisierender Stämme sesshaft wurden.

Präklassik (2000 v. Chr.–200 n. Chr.)

Die mittlere Präklassik (900–300) gilt als Zeit, in der das Maya-Gebiet weiträumig besiedelt wurde und die ersten Städte entstanden. In der späten Präklassik (bis 200 n. Chr.) bildete sich das Königtum heraus, wurde der Fernhandel ausgeweitet, nahm die Monumentalarchitektur Gestalt an – so in Tikal, El Mirador (Guatemala), in Becán, Calakmul, Edzná und Dzibilchaltún. Die wichtigen Gebäude gruppieren sich um Plätze und bilden das Zeremonialzentrum: Tempel für religiöse Rituale, Strukturen zur astronomischen Beobachtung und die Akropolis

(mehrere Bauten auf einer Plattform dienten der Repräsentation und als Wohnräume der Herrschenden). Das Baumaterial waren grob behauene Kalksteinblöcke, die mit einer Stuckschicht überzogen und mit monumentalen Masken verziert wurden.

Klassische Periode (200–1000)

199 n. Chr., die erste Jahreszahl auf einer Stele, markiert die Geburtsstunde der Maya-Geschichtsschreibung und den Beginn der Klassik. Die Blütezeit der Maya-Kultur ist gekennzeichnet durch enorme Bautätigkeit und künstlerische Entfaltung, ermöglicht durch eine hierarchische staatliche Ordnung, einhergehend mit einer exakten Zuteilung der sozialen Aufgaben für Priester, Krieger, Verwaltung, Astronomen, Architekten, Künstler, Handwerker, Handel und Landwirtschaft. Der Fernhandel vermittelte neue Einflüsse, vor allem aus der zentralmexikanischen Metropole Teoti-

Kraggewölbe

Eine Besonderheit der Maya-Architektur ist das Kraggewölbe, das »falsches Gewölbe« genannt wird, weil parallele Mauern sich mittels vorkragender Steinreihen einander annähern, aber keine tragende Funktion haben können. Höhe und Spannweite sind dadurch begrenzt. Häufig erhielten die Gewölbebauten einen massiven oder durchbrochenen Dachaufbau. Diese *cresterías* hatten ästhetische Funktion: Sie ließen die Fassaden höher, leichter, attraktiver wirken.

Zahlensystem und Rechenmethoden der Maya

Den Maya genügten drei Zeichen, nämlich • (1), — (5) und ⬯ (0, die auch Vollendung genannt wurde), um jede beliebige Zahl darzustellen, während unser arabisches Zahlensystem deren zehn benötigt (0 bis 9).
Ausgehend von den zwanzig Fingern und Zehen des Menschen benutzten sie ein Vigesimalsystem, d.h. an Stelle der zehn einstelligen Zahlen des arabischen Systems hatten die Maya zwanzig einstellige Zahlen:

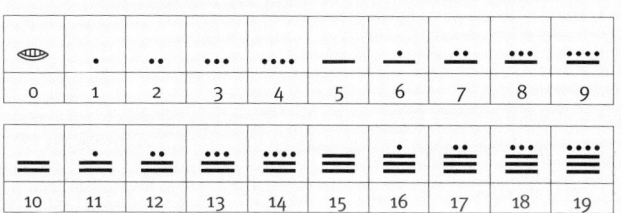

Zahlen größer als 19 wurden durch ein Positionssystem ähnlich dem unseren dargestellt, wobei neue Stellen nicht horizontal (nach links), sondern vertikal (nach oben) hinzukamen, d.h. die Zahlen 20, 400 oder 2055 wurden wie folgt geschrieben:

$$
\begin{array}{|c|}
\hline
\bullet \\
\hline
\mathrm{\mathbb{O}} \\
\hline
\end{array}
\left.\begin{array}{l}
1 \times 20^1 \quad 20 \\
0 \times 20^0 \quad 0
\end{array}\right\} 20
\qquad
\begin{array}{|c|}
\hline
\bullet \\
\hline
\mathrm{\mathbb{O}} \\
\hline
\mathrm{\mathbb{O}} \\
\hline
\end{array}
\left.\begin{array}{l}
1 \times 20^2 \quad 400 \\
0 \times 20^1 \quad 0 \\
0 \times 20^0 \quad 0
\end{array}\right\} 400
\qquad
\begin{array}{|c|}
\hline
— \\
\hline
\bullet\bullet \\
\hline
\overline{\overline{\overline{=}}} \\
\hline
\end{array}
\left.\begin{array}{l}
5 \times 20^2 \quad 2000 \\
2 \times 20^1 \quad 40 \\
15 \times 20^0 \quad 15
\end{array}\right\} 2055
$$

Dabei besteht die geniale Leistung der Maya darin, noch vor den Indern und Chinesen – allerdings nach den Babyloniern – die Null eingeführt zu haben, die algebraische Operationen mit einem Positionssystem erst ermöglicht. Damit lässt sich – wie in unserem Dezimalsystem – sehr einfach rechnen.

Ein Beispiel:

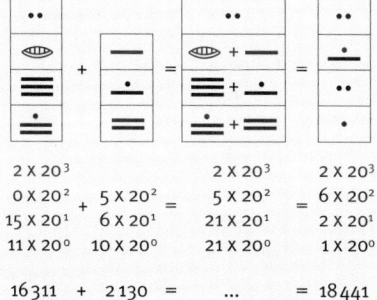

$$
\begin{array}{l}
2 \times 20^3 \\
0 \times 20^2 \\
15 \times 20^1 \\
11 \times 20^0
\end{array}
+
\begin{array}{l}
5 \times 20^2 \\
6 \times 20^1 \\
10 \times 20^0
\end{array}
=
\begin{array}{l}
2 \times 20^3 \\
5 \times 20^2 \\
21 \times 20^1 \\
21 \times 20^0
\end{array}
=
\begin{array}{l}
2 \times 20^3 \\
6 \times 20^2 \\
2 \times 20^1 \\
1 \times 20^0
\end{array}
$$

Entsprechend einfach sind Multiplikation und Division durchzuführen, wobei man analog zu den Operationen im Dezimalsystem verfährt.

$$16\,311 \;+\; 2\,130 \;=\; \ldots \;=\; 18\,441$$

huacán. Die Herrscher gründeten ihren Machtanspruch auf göttliche Abstammung, weiteten ihren Einfluss durch Eroberungskriege aus und führten über ihre Taten, Thronbesteigungen und heiligen Handlungen öffentlich Buch auf zahlreichen Stelen. Ab 790 verstummen die steinernen Zeugen. Die letzte bekannte datierte Stele wurde in Toniná (Chiapas) mit der Jahreszahl 909 gefunden.

Postklassik (1000–1450)

Die Maya der Spätzeit gaben keine schriftliche Auskunft mehr über ihr Tun, obwohl im nördlichen Yucatán die Kultur neuen Auftrieb erhielt – durch Bevölkerungszustrom aus dem Süden und wohl infolge fremder Einflüsse, etwa der Tolteken aus Zentralmexiko.

Die Blütezeit von Uxmal und anderen Orten der dortigen Puuc-Region liegt zwischen 800 und 1000. Chichén Itzá stieg zu einem Handels- und Pilgerzentrum und zur mächtigsten Stadt Yucatáns auf, bis es um 1200 von Mayapán erobert wurde. Als die Spanier kamen, hatten sich nach einem Aufstand in Mayapán (1451) die letzten Fürstentümer längst aufgelöst.

Architektur – bildende Kunst

Die Maya waren hervorragende Baumeister, die ohne Einsatz von Rad und Metallwerkzeugen monumentale Bauten von bis zu 65 m Höhe schufen. Fantastische Künstler waren am Werk, um sie mit Stuck, Skulpturen, Reliefs und Malereien zu verzieren. Von den leuchtenden Farben an den Außenwänden sind lediglich Reste verblieben. Die prachtvollsten Wandgemälde in Innenräumen besitzt zweifelsohne Bonampak (s. S. 90).

Neben den zeitlichen Stilveränderungen sind regionale Formentypen ausgebildet, die sich überlappen: **Petén** (100 v. Chr.–600 n. Chr.), nach der Landschaft in Guatemala (um Tikal) benannt, aber nicht auf diese beschränkt: Stufenpyramide mit Hochtempel, der von einer massiven Cresteria bekrönt ist.

Río Bec (im Süden der Halbinsel; 600–800). Kennzeichnend sind parallele, hohe Scheintürme (Zwillingstürme) mit steilen, nicht begehbaren Treppen und abgerundeten Ecken. Die

Frühe Supermächte

Spektakuläre Grabfunde sind eher selten, doch beinahe täglich machen Archäologen aufregende Entdeckungen. Sie fügen sich wie Mosaiksteine zu einem völligen neuen Bild der Maya-Kultur, das seit 160 Jahren die Wissenschaft beschäftigt. War man anfangs allein auf die Wiederherstellung der grandiosen Architektur bedacht, so wuchs allmählich das Interesse am Alltagsleben, der sozialen Struktur, der Weltanschauung. Erstaunlich, dass der Boden nach über 2000 Jahren noch so viele Neuheiten bereit hält.

Mit der Entzifferung der Schrift der Maya kann das Geheimnis um dieses hoch zivilisierte Volk im unwirtlichen Regenwald gelüftet werden. Statt sich in Mythen und Spekulation zu ergehen, wird nun die profane Geschichte aufgeblättert. Lange Zeit galten die Maya als ein friedliebendes Volk verklärter Sternengucker, genialer Mathematiker und brillanter Künstler. Anzeichen, die auf kriegerische Aktivitäten deuteten, wurden ignoriert, selbst

Handwerker spielten mit Lichteffekten, als sie die Steine zu Schachbrettmustern, Kreuzen und Mäandern fügten. Tiermasken rahmen dekorativ die Öffnungen in den Fassaden ein.

Chenes (in der Gegend, wo die drei Staaten Yucatáns aufeinandertreffen; 800–900). Die Bauten gleichen eher Palästen als Tempeln. Gigantische Masken des Erdungeheuers umrahmen bis zur Plattform den symbolischen Eingang in die Unterwelt.

Im **Puuc-Stil** (frühe Phase: 450 bis 750; 750–1000) faszinieren vor allem Details, die so üppig Verwendung fanden, dass man vom »Maya-Barock« spricht. Die Fassaden sind im unteren Teil glatt und werden allenfalls gegliedert durch Säulen und Türöffnungen. Darüber erhebt sich ein mit Steinmosaiken geschmückter Fries: Chac-Masken, frontal oder über Eck arrangiert, plastisch gestaltete, stilisierte Schlangen und Maya-Hütten, geometrische Muster und Pfeilerornamente: zylindrisch dick oder schmal und dicht nebeneinander »gebunden« wie die Baumstämme einer Maya-Hütte.

---

dann, als 1946 die Wandgemälde in Bonampak entdeckt wurden, die zweifelsfrei eine Schlacht zeigen. Es war der »Maya-Papst« Eric S. Thompson, der in den 1950er Jahren die »Griechen der Neuen Welt« nahezu vergöttlichte.

Jüngere Forscher sehen das anders. »Die Maya waren ein kriegerisches Volk, nicht mehr, aber auch nicht weniger als wir«, sagt Nikolai Grube, ein Wissenschaftler aus Bonn, der als einer von weltweit fünf Inschriftenforschern zur Entzifferung der Schrift beitrug. Grube treibt die Vergleiche noch weiter. In der Maya-Klassik gab es rund 250 Jahre lang zwei führende Städte, Tikal und Calakmul, die wahre Supermachtpolitik betrieben. Zwischen beiden herrschte Kalter Krieg, sie suchten Verbündete durch Hochzeiten oder Unterwerfung, erzwangen Tribute, ließen ihre Vasallenstaaten gegeneinander antreten, mischten sich in deren innere Angelegenheiten, sorgten für ein »Gleichgewicht des Schreckens« – nicht unähnlich der Weltpolitik vor 1989.

Als diese Supermächte im 8. Jh. zusammenbrachen, kam es zu einer kriegerischen Aufsplitterung in Kleinstaaten. Jeder Provinzfürst suchte aus seinem Dorf eine Metropole zu machen. Doch war keiner den enormen Problemen gewachsen. Bis zu 800 Menschen drängten sich in den Städten auf einem Quadratkilometer, auf dem Land waren es 200 (zum Vergleich: Deutschland hat 227 Einw./km²). Alle mussten ernährt werden. Doch mit dem Untergang der Elite war die zentral organisierte Infrastruktur kollabiert. Hungersnöte folgten, Aufstände sicherlich auch. Und die Natur war geplündert – jedes Mal mussten Dutzende von Bäumen gefällt werden, um den Baukalk für einen Palast zu brennen.

Einige Forscher betonen wieder verstärkt die Maya-Weltsicht, verweisen auf die Verbindung der Architektur mit dem mythischen Weltbild, auf die Übereinstimmung von Himmelsphänomenen und weltlichen Ereignissen.

Maya-Fans ist ein großartiges Buch sehr zu empfehlen: **Península de Yucatán**. Die detaillierten Aufzeichnungen und Fotografien von vier Expeditionen (1886–1839) des deutschen Forschers Teobert Maler wurden erstmals 1997 veröffentlicht (Gebr. Mann Verlag).

Wissenschaft und Kunst

In der Wissenschaft waren die Maya der Alten Welt weit voraus. Ihre Kenntnisse in Mathematik und Astronomie führten zu einem präzisen Kalendersystem (s. S. 24, 98 f.). Das künstlerische Schaffen stand wie die Architektur in enger Verbindung mit dem Alltag, galt es doch Herrscher und Götter zu verherrlichen, religiöse Zeremonien auszuschmücken und das kosmische Weltbild darzustellen. Die kostbarsten Kunstwerke wurden den Herrschern mit ins Grab gegeben; heute füllen die Schätze die Museen: winzige Schnitzereien auf Knochen, riesige Urnen mit fantastischen Maskengesichtern, fein gearbeitete Schmuckstücke aus Jade, sorgfältig modellierte Stuckköpfe, Steinskulpturen, Reliefs, Räuchergefäße, Tonfiguren und vieles mehr. Besondere Beachtung verdienen die filigran bemalten Vasen und Schalen. Sie zeugen nicht nur von künstlerischer Ausdruckskraft, sie erzählen zudem Geschichten von Herrschern, Kriegen, Blutopfern, von Festen und so manchem Trinkgelage.

Koloniales – Neuzeitliches

Wie im übrigen Mexiko begannen die Spanier ihr Eroberungswerk mit der Zerstörung von Tempeln und Idolen. Die größte Kulturbarbarei fand 1562 statt, als Fray Diego de Landa (1524 bis 1579) sämtliche Maya-Kodizes verbrennen ließ (s. S. 75).

Auf den niedergerissenen Tempeln errichteten die Franziskaner Kirchen und Klöster, die weit entfernt von der Pracht mexikanischer Barockkirchen. Sie wirken eher wie trutzige Festungen, die allen bekehrten Maya Schutz vor möglichen Angriffen aufständischer Indígenas geben sollten. Reichtum war in Yucatán nicht zu erwerben, also blieben auch die Kirchen bescheiden.

Maya-Schrift

Als einziges Volk des vorspanischen Amerika hatten die Maya ein Schriftsystem erfunden, an dem sich Generationen von Wissenschaftlern die Zähne ausbissen. Erst in jüngster Zeit ist es gelungen, 80 % der Hieroglyphen, eine Mischung aus Wort-Schrift- und Silbenzeichen, zu entziffern. Den Schlüssel hatte schon Diego de Landa mit seinem für unwahrscheinlich gehaltenen Hieroglyphen-Alphabet geliefert. Die Tür stieß 1952 Juri Knorosow in Leningrad auf, nur wurden im Kalten Krieg die Thesen des Russen von den führenden amerikanischen Maya-Forschern ignoriert. Ins Zimmer getreten sind letztlich Forscher wie Nikolai Grube, die heutige Maya-Sprachen beherrschen, Ähnlichkeiten zum alten Idiom nachwiesen und die Lösung wie bei einem Kreuzworträtsel vorantrieben.

Izamal – prachtvolle koloniale Architektur auf den Fundamenten zerstörter Maya-Tempel

Die klassische Maya-Hütte hat keine Ecken, damit sich die Geister nicht verstecken können

Arkadengänge, malerische Patios und kunstvolle Fassaden als charmante Zeugnisse der Kolonialzeit finden sich in Mérida, Campeche, Valladolid und Izamal sowie an frühen Hacienda-Bauten (17. Jh.). Als Henequén, das »grüne Gold« (s. S. 17), den weißen Herren des Landes um 1900 schließlich doch noch den erhofften Reichtum bescherte, wurden die Gutshäuser großzügig ausgebaut, und in Mérida entstanden repräsentative Villen nach europäischem Vorbild im neoklassischen Prunkstil.

Bewährt seit 2000 Jahren: die Maya-Hütte

In den Tempeln und Palästen haben die Behausungen des einfachen Volkes ihren versteinerten und verfeinerten Ausdruck gefunden. Die Maya heute leben kaum anders als ihre Vorfahren vor 2000 Jahren.

Die klassische Maya-Hütte steht auf einem Sockel aus Steinen oder gestampfter Erde. Lianen halten ein Skelett aus Weidenzweigen zusammen, die Zwischenräume werden mit Lehm verputzt. Das Geflecht stützen dicke Pfeiler, und hoch wie ein Maya-Gewölbe erhebt sich das mit Palmwedeln gedeckte Dach. Gelegentlich sieht man hässliche Wellblechdächer: die

Arbeit ist geringer, das Material billiger. Seit Palmblattdächer in Touristenorten gefragt sind, haben die Preise kräftig zugelegt.

Der Grundriss der Hütten ist meist oval; er bietet damit dem Wind weniger Angriffsfläche – und den Geistern keine Möglichkeit sich in Ecken zu verstecken. Die Behausungen haben keine Fenster, nur eine Tür, manchmal zwei. Die Wohnhütte, *choza*, ist spärlich möbliert: mit einem Hausaltar, Hängematten, vielleicht einer Nähmaschine zum Herstellen der *huipiles* und heute einem Fernsehgerät.

Malerei

Erhalten hat sich die Liebe zu leuchtenden Farben, wie an der fröhlich bunten Bemalung der Häuser leicht zu erkennen ist. Mit der Geschichte und Identität der Maya setzen sich yucatekische Künstler fortwährend auseinander.

Fernando Castro Pacheco (geboren 1918 in Mérida), Maler, Bildhauer und Grafiker, der 1940 die Freie Schule der Bildenden Kunst in Mérida gründete, schuf für den Gouverneurspalast von Mérida dramatische Wandbilder. Sein Thema: die *raza maya*. **Manuel Liza-**

ma Salazar (geb. ca. 1935, Mérida), von dem die Wandmalereien in den Rathäusern von Mérida und Valladolid stammen, begann mit zarten Landschaftsaquarellen und expressiv-kritischen Gemälden, ehe er sich mythischen Themen zuwandte.

Ein steiler Aufstieg gelang **Marcelo Jiménez** aus einem Dorf in Quintana Roo. Sein Lehrer in Felipe Carrillo Puerto, der Maler Jorge Corona, schickte ihn zur weiteren Ausbildung nach Mexiko-Stadt. Inzwischen haben seine eigenwilligen Maya-Porträts internationale Anerkennung erfahren. Jiménez beteiligte sich an der Gestaltung des Museo de la Cultura Maya in Chetumal (s. S. 96) und malte für das Museo de la Guerra de Castas in Tihosuco (s. S. 16) die illustrierenden Bilder zu den Stationen des Krieges der Kasten. Das Museum MACAY in Mérida (s. S. 36) präsentiert diese yucatekischen Maler zusammen mit weiteren Zeitgenossen.

Literatur

Nur vier Maya-Kodizes, Faltbücher aus Feigenrindenbast, sind den Zerstörungen durch Diego de Landa entgangen. Sie vermitteln primär astronomische Kenntnisse.

Im 16. Jh. wurden wichtige Texte in lateinischer Schrift von Maya aufgezeichnet. Das **Popol Vuh**, die Schöpfungsgeschichte der Maya, erzählt Heldensagen, berichtet von Ballspiel und Totenkult, gibt Einblick in ihre Kosmogonie, ihre Sicht der Welt.

Die **Chilam-Balam**-Bücher enthalten Wissen und Weisheiten des »Jaguar-Propheten«, der die Ankunft der Spanier voraussagte. Mythen und Ereignisse greifen dabei ineinander und sorgen bei Historikern und Archäologen für Verwirrung.

Zum wichtigsten Vermittler der Maya-Literatur wurde im 20. Jh. **Antonio Medíz Bolio** (1884–1957). Der Dichter und Wissenschaftler sammelte Legenden. Neu erzählte er die Geschichten aus dem *Mayab,* dem »Land des Fasans und des Hirsches«. Das Maya ist eine Sprache voller Klang und Poesie mit blumigen Umschreibungen. 1930 gab Médiz Bolio eine kommentierte Übersetzung des »Chilam Balam« von Chumayel heraus.

Der in Mérida geborene Autor war in der Zeit des Gouverneurs Felipe Carrillo Puerto (s. S. 38) politisch aktiv. Außerdem gründete er das Kunstzentrum Ateneo Peninsular in Mérida, schrieb sozial engagierte Theaterstücke, Filmdrehbücher, Lyrik und überaus populäre Liedtexte. Seine bekannteste Ballade wurde vertont und gesungen von Guty Cárdenas: »El Caminante del Mayab« – »Der Wanderer im Land der Maya«.

Juán Peón Contreras (1843–1907), nach dem das Theater in Mérida benannt ist, schrieb ebenfalls romantische Lieder für die Stars der *Trova Yucateca* (s. S. 38). Außerdem verfasste Peón Contreras Komödien, war Arzt und Politiker.

Die geheimnisvollen Maya-Ruinen haben seit dem 19. Jh. Reisende, Abenteurer und Archäologen angelockt, die ihre Entdeckungen, Erfahrungen und Erlebnisse oft in spannenden Reiseberichten festhielten. Die beste Darstellung lieferte John Lloyd Stephens mit **Incidents of Travel in Central America, Chiapas and Yucatán** (1842). Seine präzisen Schilderungen der im Dschungel überwucherten Ruinen, begleitet von humorvollen Anekdoten, und die hervorragenden Illustrationen von Frederick Catherwood lösten die Maya-Forschung aus.

Musik und Folklore

Indianische Muscheltrompeten, Trommeln, Flöten und Rasseln sind nur noch in Touristenshows zu erleben – oder dort, wo Maya unter sich sind. Die populäre Musik Yucatáns nahm aber Elemente der Indígena-Musik ebenso auf wie Einflüsse aus der Karibik, aus Afrika, Spanien oder Frankreich. Beliebte Tänze sind *danzón* aus Kuba und *bambuco* aus Kolumbien. Die landestypische *jarana* hat spanische Wurzeln. Begleitet von einer Blaskapelle wechselt sie von stampfendem Rhythmus *(zapateado)* zum

Einladung zum Karneval! Cancun feiert bei sommerlichen Temperaturen im Februar/März mit fröhlichen Umzügen

Feste & Veranstaltungen

Jedes Dorf hat einen Schutzheiligen, dem am Namenstag ein Patronatsfest bereitet wird: mit Musik, Tanz, Prozessionen, Feuerwerk und Stierkämpfen.

6. Januar Heilige Drei Könige *(Los Reyes Magos):* Landwirtschaftsmesse und Volksfest in Tizimín (Yuc.), Prozession in Campeche.
2. Februar Lichtmess *(Día de la Candelaria):* Champotón, Valladolid, Tecoh.
Februar/März Karneval mit Umzügen, Tanz und Musik. Cancún feiert eine Woche später.
21. März Frühlingsanfang/Tagundnachtgleiche *(Equinoccio):* Schatteneffekte in Dzibilchaltún (Sonnenaufgang) und Chichén Itzá (nachmittags).
Mai Jazzfestival in Cancún. **3. Mai Tag des Hl. Kreuzes** *(Sta. Cruz)* in Felipe Carrillo Puerto, Cozumel, Maxcanú, Chumayel, Hopelchén.
Juni: 23.–25. Heiliger Johannes der Täufer *(San Juan Bautista):* Campe-

che. **24.–29. Peter und Paul:** Campeche, Cozumel.
16. Juli Virgen del Carmen: Ciudad del Carmen, Motul (Yuc.), Cancún.
August: 12.–16. San Joaquín: in Bacalár, Palizada (vom 15. bis 31. August). **15. Mariä Himmelfahrt:** vielerorts Festlichkeiten, besonders in Izamal.
20. traditionelles Fest in Maní.
September: 16. San Román: Campeche, Izamal.
23. Herbst-Equinoccio (ähnliche Lichteffekte wie 21. März).
27. Cristo de las Ampollas: Mérida.
29. San Miguel: Cozumel.
1./2. November Allerheiligen/ Allerseelen *(Día de los Muertos):* Ofrendas und Musik auf den Friedhöfen.
November »Festival de Caribe« in Cancún mit Musik, Tanz und Theater.
Dezember: 8. Fiesta de la Purísima Concepción: Campeche, Hopelchén. **12. Virgen de Guadalupe:** Prozessionen und Feuerwerke.

Walzertakt. Das »lärmende Vergnügen«, wie *jarana* zu übersetzen ist, war wesentlicher Bestandteil der *vaquería:* Hatte das Vieh sein Brandmal erhalten, feierten alle Hacienda-Bewohner und Arbeiter. Die *jarana* hat sich mittlerweile zur Folkloreshow verselbstständigt. Mit den *bombas* wird manchmal der Tanz unterbrochen, meist folgen sie jedoch im Anschluss an die *jarana.* Die humoristischen, gesungenen Verse spielen auf politische Ereignisse oder anwesende Personen an. Eine eigene Gesangsform ist die *Trova Yucateca* (s. S. 38).

Kunsthandwerk

Hängematten, *Jipijapa*-Hüte (s. S. 87) und bunt bestickte Blusen als Abwandlung der traditionellen *huipiles* sind die klassischen Mitbringsel von der Halbinsel.

Bei Hängematten *(hamacas)* sollte man auf die Dichte der Knoten sowie auf die Größe achten: *Matrimonial* reicht für zwei, in der *familiar* hat die ganze Familie Platz. Die indianischen Schlafschaukeln gibt es aus Seide (teuerste Ausführung), Baumwolle, Nylon und Sisal.

Reich ist die Auswahl an weiteren Flechtarbeiten (Körbe, Taschen, Tabletts aus Sisal, Palmblättern, Schilf) und wunderschönen sowie hochwertigen Textilien von *rebozos* (Schals) bis zu bestickten Tischdecken.

Keramik und Holzschnitzereien orientieren sich oft an alten Maya-Vorlagen. In Campeche wird weiter am Seemannsgarn gesponnen und allerlei Souvenirkitsch produziert. Die *huipiles* haben dort schwarzweiße Stickereien. Schmuckstücke, Haarspangen, Brillengestelle werden heute nicht mehr aus Schildpatt, sondern aus Horn hergestellt.

Raffiniert Pikantes

Die *cocina yucateca* ist eine der raffiniertesten und eigenwilligsten Regionalküchen mit einigen Ähnlichkeiten und noch mehr Unterschieden zu den bekannten mexikanischen Gerichten.

Grundnahrungsmittel sind in ganz Mexiko Bohnen *(frijoles)* und Mais, der zu *masa* und anschließend zu *tortillas* (Fladen) oder *tamales* (Klößen) verarbeitet wird, außerdem Tomaten, Kürbis und Chilis. Die Maya bereicherten ihren Speiseplan durch Wild, Fasan, Truthahn und Fisch.

Yucatekische Eigenheiten

Wichtiger Bestandteil der yucatekischen Küche sind *recados,* Mischungen aus gemahlenen Kräutern sowie Gewürzen (darunter Chili und Knoblauch), die durch die Zugabe von Pomeranzensaft zu einer geschmeidigen Paste verarbeitet werden. Mit *achiote,* den kräftig rot färbenden Samen des Orleanstrauchs, wird *tikinxic* eingelegt, bevor man den Fisch auf einen Rost über offenem Feuer grillt. Auf einer Feuerstelle in einer Grube garen die klassischen, ebenfalls mit *achiote* gewürzten Spezialitäten *cochinita pibil* (Schweinefleisch) und *pollo pibil* (Hühnchen). *Poc chuc* nennt man in Pomeranzensaft marinierte Koteletts.

Truthahn *(pavo)* gibt es in vielen Varianten, z. B. als *relleno negro* oder *relleno blanco,* wobei die »Füllung« das Fleisch als Soße begleitet: schwarz durch verbrannte Chilis, weiß in der Mischung aus hart gekochten Eiern, Oliven, Kapern und Rosinen. In einer sauer-pikanten Marinade eingelegte rote Zwiebeln heißen *escabeche* und werden warm oder kalt serviert.

Knusprige Tortillas dienen als Teller für Eier, Salate, Gemüse ...

Rund ums Frühstücksei

Die mexikanische Liste der deftigen Frühstücksei-Kompositionen wird hier um die *huevos motuleños* erweitert: Spiegeleier auf Tortillas, die mit Bohnenmus bestrichen sind. Darüber kommt eine Tomaten-Salsa, angereichert mit Schinken, Erbsen, Käse und garniert mit gebackenen Bananen. Ebenso reichhaltig sind *papadzules,* hart gekochte Eier in Tortillas mit einer herzhaften Soße aus Kürbiskernen und *epazote* (Teekraut). Dann genügt zu Mittag vielleicht eine *sopa de lima,* eine Hühnerbrühe mit dem köstlichen Saft der bittersüßen Zitronenart.

Fischkreationen

An den Küsten gibt es viel Fisch und Meeresfrüchte, die *a la plancha* (gebacken), *al mojo de ajo* (in Knoblauch), *a la veracruzana* (mit Tomaten, Oliven, Kapern) oder als *ceviche* (roh, mariniert in Limonensaft, Tomaten, Chilis) serviert werden. Hummer *(langosta)* findet man an der Karibikküste, Campeche hat beste *cocteles* aus Krabben,

Garnelen, Muscheln und Tintenfischen. Köstlich schmeckt in Campeche und Mérida *pan de cazón:* Das üppige »Haifischbrot«, das sogar schon zum Frühstück gehört, besteht aus mehreren Lagen Tortillas, Bohnenpüree, zerfasertem Haifischfilet und einer pikanten Tomaten-Chili-Soße.

Queso relleno

Eine Spezialität ist *queso relleno:* eine holländische Käsekugel, gefüllt mit Hackfleisch, Rosinen und Früchten. Die Kalorienbombe steht vorzugsweise im südlichen Quintana Roo auf der Speisekarte. Dort wird ganz karibisch viel mit Kokosmilch »gewürzt«.

Antojitos

Zu den kleinen Gerichten oder Appetitmachern, gehören *tamales, panuchos* (frittierte und mit Bohnen – in Campeche mit Haifischpaste – gefüllte Tortillas) und *salbutes* (Tortillas mit Truthahn, Zwiebeln und Steifen feiner Avocados belegt).

Yucatekischer Vitamincocktail:
Papaya, Melone, Ananas, Limone

Getränke

Zu Pikantem passt ein kaltes Bier, z. B. der Marken »Sol«, »León« und »Montejo«. Mineralwasser und *refrescos* wie Colas und Limonade sind überall erhältlich, frische Fruchtsäfte und *aguas frescas* (mit Wasser verdünnte Säfte) gibt es nur in größeren Orten. Auch Früchte – Orangen, Ananas, Melonen, Papayas, Mangos, *guayabas* (Guaven), *guanábanas* (Annonen), Limonen, Bananen – sind im Überfluss nur in den Touristenzentren erhältlich.

Margarita, Piña Colada und Daiquirí führen die große Auswahl der Cocktails an. Die Zutaten Rum, Tequila und der Kaffeelikör Kahlúa kommen aus Zentralmexiko. Das bekannteste alkoholische Getränk aus Yucatán ist *Xtabentún,* ein mit Anis versetzter Honiglikör. *Carabanchel* heißt der süße Anislikör aus Valladolid. *Balché* hat ebenfalls Maya-Tradition: Die Rinde des gleichnamigen Baumes wird vergoren und mit Honig gesüßt.

Tipp Während in Städten und Badeorten unterschiedlichste Lokale verwöhnen, muss man sich auf dem Land mit Hausmannskost bescheiden oder Picknickvorräte besorgen. An kleinen Ruinenstätten gibt es allenfalls Getränke und abgepackte Snacks.

Urlaub aktiv

Wer Badeurlaub in Yucatán macht, braucht über mangelnde Abwechslung nicht zu klagen. Viele Wassersportarten sind direkt am Strand zu buchen oder im All-inclusive-Paket eingeschlossen. Für andere gibt es v. a. in Cancún bestens organisierte Zentren mit Kursen und Ausrüstung.

Tennisplätze haben fast alle größeren Hotels. **Golf** spielt man in Cancún und Playa del Carmen (Playacar). **Reiten** kann man z. B. in Xcaret und im Rancho Grande (nahe Pto. Morelos).

Wassersport

Die schönen Strände und das glasklare Wasser laden überall zum **Schwimmen** ein. Dabei sollte man Warnungen auf Unterströmungen sehr ernst nehmen. Ein erfrischendes Vergnügen ist es, in einem der *Cenotes* zu baden.

Windsurfbretter sind meist im Hotel zu leihen, **Segelboote** liegen in den Jachthäfen. Auch **Hochseeangeln** wird angeboten. Mit **Kanus** macht es Spaß, über den Lagunen von Cancún oder Bacalar zu paddeln.

Einzigartig ist die Unterwasserwelt. Das *Große Maya-Riff* (s. S. 55) bietet hervorragende Möglichkeiten zum **Schnorcheln** *(esnórquel)* und **Tauchen** *(buceo).* Cancún, Cozumel, Isla Mujeres und die größeren Badeorte an der *Riviera Maya* sind bestens auf diesen Sport eingestellt. Gebucht werden können u. a. Kurse zum Erwerb der Tauchlizenz, Diveshops stellen Ausrüstungen zur Verfügung.

Bequem und für Anfänger geeignet ist *Xel-Ha* (s. S. 63), eine Herausforderung für Tauchprofis: *Banco de Chinchorro* (s. S. 97) sowie die Riffe entlang der Westküste von *Cozumel.*

Cozumels Westen – ein Paradies zum Schnorcheln und Tauchen

Fun-Sport

Besonders vor Hotels werden **Wasserskilaufen** und das sanfte **Paragliding** angeboten, wobei man – an einem Fallschirm hängend und von einem Boot gezogen – hoch über der Küste entlang schwebt. Alt und Jung lieben die feuchtfröhlichen **Banana Boat Rides,** die den meisten Spaß bereiten, wenn die ganze Besatzung der aufgeblasenen Gummibanane bei einer flotten Kurve ins Wasser fällt. Fragwürdig und nicht ungefährlich sind die **Wave Runners (Jetski),** die schnell wie Motorräder übers Wasser flitzen. Sie werden u. a. für Dschungel- oder Mangrovenexkursionen angeboten, doch

Unter vollen Segeln unterwegs von Cancún zur Isla Mujeres

suchen Tiere beim Nahen der lauten Eindringlinge das Weite.

Für **Bungee Jumping** gibt es in Cancún Sprungtürme, die auch nachts in Betrieb sind. Noch mehr Nervenkitzel verspricht der **Sky Rider:** Festgeschnallt auf einer Schaukel lässt man sich in die Luft schießen, um dann nach mehreren Überschlägen an einer langen Leine auszupendeln.

Mundo Maya in Tikal

Die »Welt der Maya« schloss auch Guatemala ein. Eine der faszinierendsten Urwaldstädte ist Tikal mit seiner genialen Gran Plaza. Zwei über 40 m hohe Pyramiden stehen sich dort gegenüber, die *cresterías* von Palästen ragen über die Baumkronen. Der Ausflug ist als Ein- oder Zweitagestour ab Cancún/Palenque möglich und sehr zu empfehlen.

Naturbeobachtung

Viele Möglichkeiten eröffnen sich Naturliebhabern, vor allem zur Vogelbeobachtung. Die Insel Contoy, das Biosphärenreservat Sian Ka'an (s. S. 65), die Naturschutzgebiete Río Lagartos und Celestún (s. S. 41) sind ideale Reviere für Prachtfregattvögel, Flamingos und Störche. Auch Boottrips auf den Flüssen Usumacinta (Chiapas), Palizados und Champotón (Campeche), Río Hondo (Q. Roo) garantieren eine Begegnung mit der Tierwelt.

Hängematte oder Hacienda

Einsame Strände, an denen man eine Hängematte zwischen Bäume oder unter eine *Palapa* (mit Palmwedeln gedecktes Sonnendach) binden und für ein paar Pesos übernachten kann, wird es immer geben. Doch der Trend geht eindeutig zum exklusiven Hotel und zum All-inclusive-Resort. Preiswerte Unterkünfte in schöner Lage sind immer schwerer zu finden.

In Cancún besteht eine klare Trennung: Billig und einfach wohnt man im Zentrum, teuer und komfortabel in der Hotelzone. Cancúns mehr als 20 000 Zimmer sind in der Hochsaison (Dez. bis April, Juli/August) so gut wie ausgebucht, also rechtzeitig reservieren!

Tipp In der Nebensaison fallen die Preise (ca. 30 %). Für mehrere Tage Badeaufenthalt ist man mit einem Pauschalangebot am besten bedient.

Wer *all-inclusive* bucht, braucht sich über Nebenkosten kaum mehr Gedanken machen, versäumt aber möglicherweise das Beste von Yucatán: die Begegnung mit Land und Leuten.

In Cancún liefern sich die Architekten einen Wettbewerb der (Post-)Moderne, während sich unter den Palmen an der Riviera Maya (s. S. 59 ff.) vorwiegend rustikal-komfortable Bungalowanlagen verbergen.

In Mérida ist von der Familienpension über das Patiohaus bis zum Tophotel alles vertreten. Bei den Maya-Ruinen finden sich reizvolle Unterkünfte gehobenen Standards in paradiesischer Umgebung.

Hacienda-Hotels

Luxus wird groß geschrieben auf der Halbinsel Yucatán – und dies mit einem Bewusstsein für Tradition. Denn spätestens die reichen Henequén-Barone wussten gut zu leben. Nun werden die lange verfallenen, wunderbar großzügigen Prachtbauten zu neuem Leben erweckt.

Der Architekt Anibal González und seine Frau Mónica Hernández, die sich der Wiederaufforstung widmet, waren die ersten. Sie kauften die heruntergekommene **Hacienda Katanchel** (17. Jh.; 26 km östl. von Mérida), und entdeckten im dichten Unterholz außer Maya-Ruinen auch eine Vielzahl von Steinhütten. Die einstigen Wohnbauten für die Arbeiter und ihre Familien wurden zu schmucken Pavillons mit stilvoller Möblierung, Marmorbad und Minipool auf der Terrasse, die von einem Maya-Garten mit Blumen und Nutzpflanzen umgeben ist. Vom großen Pool unter hohen Bäumen kann man Vögel beobachten. 16 Brunnen sichern die Wasserversorgung. Das Fabrikgebäude für die Henequén-Verarbeitung wurde zum Gourmetrestaurant **Casa de Máquinas.** Im Haupthaus residieren die Besitzer. Die Hacienda, ideal gelegen zwischen Chichén Itzá und Mérida, eignet sich gut für einen längeren Aufenthalt und bietet (nach Voranmeldung) Kurse in yucatekischer Küche und geführte Ausflüge. Tel. (9) 923 40 20, Fax 923 40 00; ○○○

Reisewege und Verkehrsmittel

Anreise

Wichtigster internationaler Flughafen ist Cancún, der von Ferienfluglinien wie Condor und LTU aus Deutschland (Österreich: Lauda Air; Niederlande: Martinair) und weiteren Charterlinien direkt angeflogen wird (ab 1500 DM). Aeroméxico teilt sich die Strecke ab Paris mit Air France. British Airways fliegt ab London. Aus den USA sind auch Mérida und Cozumel Direktziele.

Reisen auf Yucatán

Flugzeug und Bus
Aeroméxico, Mexicana, Aerocaribe, Aerocozumel verbinden die Halbinsel mit allen wichtigen Städten Mexikos sowie mit Orten der grenzübergreifenden Region *Mundo Maya.*

Tipp Wer mehrere Flüge plant, sollte einen **Maya-Pass** (Streckencoupons ab 50 US$) in Europa erwerben.

Der Bus ist wichtigstes und preiswertes Verkehrsmittel. Auf den Hauptstrecken verkehren Busse in kurzen Abständen. Wer in der Puuc-Region oder im Süden an einem Tag mehrere Maya-Stätten besichtigen will, ist auf Taxi oder Mietwagen angewiesen.

Mietwagen, Taxi, Zweiräder
Am günstigsten bucht man ein Auto vom Heimatort aus. Die internationalen Firmen sind auch in Mexiko die zuverlässigsten. Man sollte sich den Wagen (Klimaanlage empfehlenswert) gut ansehen, besonders auf Cozumel werden klapprige Mobile vermietet.

Zum Tarif kommen Versicherungen (13–27 US$), Steuer und ggf. Rückführungsgebühren hinzu. Fahrten in Nachbarländer sind nicht möglich.

Die Straßen sind gut ausgebaut. Die Autobahn zwischen Cancún und Mérida hat man bei ca. 20 US$ *cuota* (Gebühr) fast für sich allein. Für unbefestigte Straßen zu abgelegenen Ruinenstätten empfiehlt sich ein geländegängiges Auto.

Die Höchstgeschwindigkeit beträgt auf Autobahnen 110 km/h, auf Landstraßen 80 km/h und in Ortschaften 40 km/h. *Topes,* hohe Bodenwellen, sollen zum Schritttempo zwingen.

Tipp Bleifreies Benzin *(magna sin)* ist weit verbreitet, dennoch nicht überall erhältlich. Frühzeitig tanken!

Taxis sind mit Ausnahme von Cancún preiswert und haben feste Tarife (vorab erfragen). In den Maya-Dörfern fahren Trici-Taxis: Fahrrad-Rikschas.

Auf Cozumel liebt man **Mopeds** (unerfahrene Fahrer verursachen die meisten Unfälle), auf Isla Mujeres **Fahrräder** oder **Golfmobile,** mit denen sich die Insel umrunden lässt.

Tipp Ein nettes Erlebnis ist ein Sonntagsausflug mit der **Bahn** von Mérida nach Izamal. Rund 3000 km Schienen sind von den Schmalspurbahnen übrig, die zwischen den Sisalfeldern und Haciendas verkehrten und teils wieder belebt werden.

Fähren
Zwischen Playa del Carmen und Cozumel verkehren die Fähren nahezu stündlich. Unregelmäßig fährt die Autofähre ab Puerto Morelos. Fähren nach Isla Mujeres legen in Puerto Juárez (Fußgänger) bzw. Punta Sam (Autos) ab. Ab Cancún Wassertaxis und Ausflugsboote zur Isla Mujeres.

Seite 37

*Mérida

Die »weiße Stadt« setzt auf die Zukunft

Am Wochenende legt Mérida ein Festtagskleid an. »Ponte chula« – »Putz dich hübsch heraus«, heißt der Slogan für eine der regelmäßigen Folkloreveranstaltungen, mit denen die Stadt Touristen und Einheimische gleichermaßen erfreut. Einmal im Monat am Samstagabend und jeden Sonntag wird die Calle 60 zwischen Plaza Mayor und Plaza Santa Lucía zur Fußgängerzone, zur Flaniermeile, zum Spielplatz und zum Tanzparkett. Musik erklingt an allen Ecken und Hausfrauen bieten Kostproben der echten yucatekischen Küche an.

An den übrigen Tagen fallen in der Großstadt mit nahezu 1 Million Einwohnern zunächst Lärm, verstopfte Straßen und Abgasschwaden auf. Dennoch entfaltet das quirlige Leben einen ganz eigenen Charme in der »weißen Stadt«, wobei es für die Herkunft des Beinamens verschiedene Interpretationen gibt: die traditionell weiße Kleidung der Maya, die überwiegend geweißten Häuser und – wohl die wahrscheinlichste Begründung – die städtischen Weißen (und Mestizen), die sich vom Rest der Bevölkerung abgrenzten. Indígenas, Schwarze und Mulatten lebten in jeweils eigenen Barrios und durften das Zentrum nicht betreten.

Drehkreuz Mérida

Für die Besichtigungen in der Stadt braucht man – je nach Vorlieben – ein bis zwei Tage. Doch Mérida hat Hotels in allen Preislagen, ein abwechslungs-reiches kulinarisches und auch kulturelles Angebot, ein fröhliches Nachtleben, das um Mitternacht noch längst nicht beendet ist, sowie gute Verkehrsanschlüsse und damit ideale Voraussetzungen für einen längeren Aufenthalt.

Vor allem lassen sich von hier aus interessante Ziele im Tagesausflug erreichen, z. B. Uxmal (s. S. 80) sowie die Orte der Touren 3 und 4.

Mérida, Zentrum der Verwaltung und Wirtschaft im Bundesstaat Yucatán, ist die größte Stadt auf der Halbinsel, der größte Arbeitgeber der Staat mit seinen Dienststellen. Rund 40 Maquiladora-Fabriken (s. S. 18) haben sich hier angesiedelt. Es gibt Brauereien, Früchte verarbeitende Betriebe und Unternehmen, die Sisalteppiche herstellen. Auf dem Gelände der ehemaligen Cordemex-Gesellschaft entsteht ein gigantisches Handelszentrum für das 21. Jh. mit Kongresssälen, Banken und Büros, mit Luxushotel, einer Shopping Mall und Freizeiteinrichtungen. Für die Zukunft setzt Mérida auf den Tourismus.

Gegründet wurde die Stadt 1542 von Francisco Montejo, genannt *El Mozo* (»der Jüngere«), der mit seinem Vater rund 20 Jahre brauchte, um Yucatán zu unterwerfen. Mérida entstand auf den Grundmauern und mit Steinen der alten Maya-Stadt Tiho (auch: T'hó).

Rund um die *Plaza Mayor

Die ***Casa de Montejo ❶** (1549), Wohnhaus des Stadtgründers Francisco de Montejo und seiner Familie bis in jüngste Zeit, ist nun Sitz einer Bank. Im Innern wurde das Patiohaus mehrfach umgestaltet. Ein Salon mit Deckenmalerei und Wänden aus edlem Holz spiegelt die alte Pracht. Im

Seite 37

Mexikos musikalischer Nachwuchs

An der Plaza Mayor

Originalzustand präsentiert sich die kunstvolle Fassade: In der Mitte prunkt das Wappen der Montejos, beiderseits spanische Soldaten, die auf den Köpfen von Indianern herumtrampeln – ein Sinnbild der Unterdrückung, wie sie die Spanier fast 300 Jahre lang ausüben sollten.

Zum Schutz vor aufständischen Maya wurde die Stadt in der Kolonialzeit mit einer Mauer umgeben. Von ihren acht Toren sind drei teilweise vorhanden, darunter Arco del Puente sowie Arco de Dragones an der Calle 50 (fünf Blocks östl. der Plaza Mayor).

Die trutzige **Catedral San Ildefonso ❷** mit ihren 40 m hohen Türmen wurde 1561–1598 erbaut. Gewaltige Säulen gliedern den dreischiffigen, fast 90 m langen Innenraum. Der Altar wurde während der Revolution zerstört. Die schwarze Christusfigur ist Anziehungspunkt für Gläubige, die auf Wunder hoffen. Denn Wunder begleiten diese Figur. Eine Nacht lang loderte ein vom Blitz getroffener Baum, ohne dass Spuren zurückblieben. Aus jenem Stamm schnitzte ein Indianer eine Christusfigur, und die überstand ein weiteres Feuer – nur Brandblasen zeigten sich. Diesem **Cristo de las Ampollas** (»Christus der Brandblasen«) zu Ehren wird alljährlich Ende September ein Fest bereitet.

Markttag in Mérida

Es ist ein Kommen und Gehen, ein Geschiebe und Gedränge. In der einen Ecke versuchen sich Marktschreier an Lautstärke zu überbieten, aus der anderen dröhnt noch lautere Mariachi-Musik. Zwei Schritte weiter ist die Luft erfüllt vom Duft von Orangen, Ananas und Guanábanas, während einem nur wenig entfernt der strenge Geruch frisch geschlachteter Tiere den Atem nimmt. Alles hat seinen festen Platz: Gemüse, Früchte, Fleisch, Fisch und lebende Hühner hier, Lederwaren, Haushaltsartikel, Wäsche und Werkzeug dort. Daneben eine Reihe von Essensständen mit duftenden Töpfen.

Die *Artesanía* hat eine eigene Halle für bestickte Blusen und Hängematten, Schnitzereien, Flecht- und Webarbeiten – gute Qualität und billige Massenware, Kunstvolles und viel Kitsch sowie Handeln gehören natürlich dazu.

Seite 37

Der Palacio Municipal, eines der stilvollen Gebäude am Hauptplatz

Nebenan, im ehemaligen Bischofspalast mit schönem Innenhof, ist das Museum für moderne Kunst untergebracht. Das **MACAY** ❸ *(Museo de Arte Contemporaneo Ateneo de Yucatán)* zeigt neben wechselnden Ausstellungen einen liebevoll gestalteten fotografischen Streifzug durch die Weltkunst. Ein Raum erläutert Geschichte und Nutzung des Bauwerks, andere Räume sind yucatekischen Malern wie Fernando Castro Pacheco (s. S. 25) gewidmet. Öffnungszeiten: 10–18 Uhr; Di geschl.

Castro Pacheco schuf die Wandgemälde im **Palacio de Gobierno** ❹ (1892) am Nordende der Plaza Mayor. Die expressionistischen Szenen (1971) im Treppenhaus und im Festsaal schildern die leidvolle Geschichte der Maya von der Eroberung bis zur Gegenwart.

Auf der Westseite schließt das seit 1735 mehrfach umgebaute Rathaus, der **Palacio Municipal** ❺, mit seinen maurischen Bögen und dem Glockenturm (1928) die reizvolle ***Plaza Mayor** ab. Sie wird auch Plaza de Armas, Plaza Principal oder Plaza de la Independencia genannt. Unter schattigen Lorbeerbäumen laden Steinbänke, man nennt sie *confidenciales,* zu einer Pause ein.

Die **Sorbetería Colón** unter den Arkaden ist mit köstlich erfrischendem Fruchteis *(nieve)* eine Empfehlung wert.

In der Calle 60

Im Foyer des **Teatro Daniel Ayala** finden Ausstellungen statt. Alte Bäume und alte Bauten, darunter das prächtige Gran Hotel mit dem Charme der Belle Époque, umrahmen die idyllische **Plaza Hidalgo.** Vor den Straßencafés spielen Marimba-Musiker, und fliegende Händler bieten Hängematten (allerdings meist von minderer Qualität) an.

Die kleine ***Iglesia de Jesús** ❻ (auch: *Iglesia del Tercer Orden*) mit massiven Holztüren, Gemälden und Wandmalereien stammt aus dem Jahr 1618. Zur selben Zeit errichteten die Jesuiten nebenan ein Kloster, das Anfang des 20. Jhs. zum Theater umgebaut wurde. Im neoklassizistischen **Teatro Peón Contreras ❼** tritt das Folkloreballett auf.

Die **Universidad de Yucatán ❽** hat gegenüber ein Patiohaus bezogen. Am hübschen **Parque Santa Lucía** sind die berühmtesten Troubadoure als Büsten verewigt.

Die traditionelle Triomusik ist donnerstags bei einer *Serenata yucateca* auf dem Platz und allabendlich im plüschigen **El Trovador Bohemio** live zu erleben. *Martes de Trova* (Dienstag der Troubadoure) heißt ein wöchentlicher Programmpunkt im Patio Central des neuen **Centro Cultural de Mérida Olimpo** (mit Ausstellungsräumen, Video-Saal und Auditorium), das unmittelbar an das Rathaus anschließt, maurisch inspiriert und supermodern.

Paseo de Montejo

Seite 37

Wer nicht weiter laufen will, kann am Parque Santa Lucía eine *Calesa* besteigen und sich in der Pferdekutsche gemütlich über den Paseo de Montejo chauffieren lassen. Auch die Stadtrundfahrtbusse, die entlegenere Parks,

❶ Casa de Montejo
❷ Catedral San Ildefonso
❸ MACAY (Museum der zeitgenössischen Kunst)
❹ Palacio de Gobierno
❺ Palacio Municipal
❻ Iglesia de Jesús
❼ Teatro Peón Contreras
❽ Universidad de Yucatán
❾ Palacio Cantón/ Museo Regional de Antropología

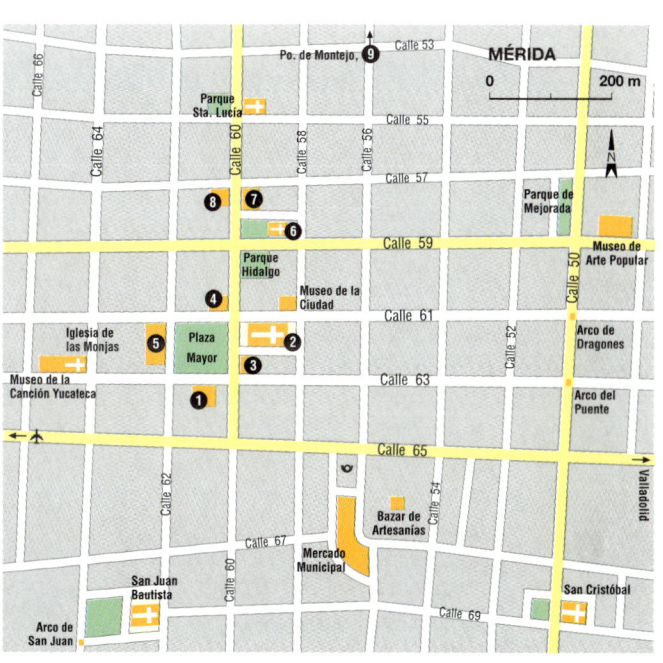

Seite 37

Denkmäler und weitere Kirchen in ihr Programm einbeziehen, fahren am Park ab.

Als Mérida um 1900 durch den Sisalboom reich wurde, genügten die engen Straßen und Kolonialbauten nicht mehr. Nach dem Vorbild der Champs-Elysées legte man einen breiten, schattiger Boulevard an. Die Stadt erhielt Elektrizität, Wasserleitungen und Telefonanschlüsse – und prächtige Villen aus italienischem Marmor mit französischem Dekor. Heute sind dort Büros, Banken und Restaurants eingezogen. Neue Luxushotels versuchen an den edlen Stil anzuknüpfen.

 Ein Beispiel ist das Hotel **Fiesta Americana,** Paseo de Montejo

No. 452 y Av. Colón, Tel. (9) 942 11 11, Fax 942 11 12. Pompöser Palast mit allem Luxus. ○○○

Museen

In einem der repräsentativen Paläste des Paseo, dem **Palacio Cantón ❾**, ist das ***Museo Regional de Antropología de Yucatán** (Paseo de Montejo/ Calle 43) untergebracht. Eine Einführung bietet den kultur- und sozialgeschichtlichen Hintergrund für das Verständnis der kostbaren Fundstücke aus den Maya-Stätten: Keramiken, Räuchergefäße, Stelen, Architekturteile. Herausragende Schätze sind Opfergaben (Gold, Jade) aus dem *Cenote sagrado* von Chichén Itzá. Angekohlt,

---

Trova Yucateca

Gesang und Gitarre gehören untrennbar zusammen. Die Anzahl der Musiker kann vom Duo bis zum 20-köpfigen Orchester reichen, dann sind auch Violinen und Mandolinen dabei. Bevorzugt treten die yucatekischen Troubadoure als Trio auf und singen die romantischsten Balladen Mexikos. Die Verse tragen ebenso zur Qualität bei wie die einschmeichelnden Melodien, die von kubanischer und kolumbianischer Musik beeinflusst sind. In der großen Zeit der *Trova Yucateca* während der 1920er Jahre gab es in Mérida Wettbewerbe für Dichter und Komponisten. Den erfolgreichsten öffneten sich die Theater und Plattenstudios in Mexiko-Stadt und New York. Im **Museo de la Canción Yucateca** sind sie alle in Öl verewigt, die großen Schöpfer und Interpreten der Trova Yucateca:

Guty Cárdenas (1905–1932), Sänger und Komponist, der Opfer einer Schießerei wurde, **Pepe Domínguez** (gest. 1950), der sich um die Verbreitung der yucatekischen Musik verdient machte, oder **Ricardo Palmerín** (1889–1944) – berühmt, weil er die zarteste Ballade für eine spektakuläre Liebesgeschichte schreiben durfte: »La Peregrina«. Auftraggeber war der Gouverneur Felipe Carrillo Puerto, der in Yucatán eine sozialistische Utopie verwirklichen wollte. Er hatte sich leidenschaftlich in die amerikanische Journalistin Alma Reed verliebt und wollte diese »Pilgerin« zwischen zwei Welten zum Bleiben bewegen. Als sie zu Hochzeitsvorbereitungen in die USA reiste, wurde Carrillo Puerto 1924 von politischen Gegnern erschossen.

Seite
37

Der Naturpark Celestún ist berühmt für seine Flamingokolonien

te der einzigartige Bau als Observatorium: Auch Dzibilchaltún hat sein Equinoccio-Phänomen und ist zur Tagundnachtgleiche Anziehungspunkt für Touristen und Sonnenanbeter, wenn die Strahlen der aufgehenden Sonne durch die Tür und die beiden nebenliegenden Fenster fallen und den Tempel wie eine vom Feuer erleuchtete Maske erscheinen lassen.

Die »Puppen«, kleine Tonfiguren mit Deformierungen, sind im **Museo del Pueblo Maya** ausgestellt. Seine anschauliche neue Sammlung zeigt außer Kunstschätzen aus präspanischer Zeit sehr interessante Bilder des Alltags.

Am westlichen Ende der *sacbé,* vorbei an der Plaza Central mit der Offenen Kapelle und dem 130 m langen Palast – mit 45 Räumen eines der größten Maya-Bauwerke –, lädt der runde **Cenote Xlacah** zum Baden ein.

Progreso

Der Strand von Progreso, 36 km nördlich von Mérida gelegen, ist beliebtes Ausflugsziel der Meridenser, vor allem sonntags. Unter der Woche wirkt das Fischerdorf verlassen – außer ein Kreuzfahrtschiff legt an der weit ins flache Meer hinaus gebauten Hafenmole an.

An der Strandpromenade gibt es viele Restaurants, die ausgezeichnete Fischspezialitäten *(ceviche)* servieren. ○○

Celestún

In Celestún (90 km westl.) beginnen die Bootstouren zum **Parque Natural del Flamenco Mexicano de Celestún.** In der Lagunenlandschaft leben die größten Flamingokolonien Nordyucatáns und andere Wasservögel: Pelikane, Reiher, Fregattvögel, Ibisse.

Wer in dieser Einsamkeit ein paar Tage aussteigen möchte: **Eco Paraíso Xixim** (9 km Sandpiste) bietet am langen, unberührten Strand großzügig komfortable Bungalows im Maya-Stil mit Hängematten auf der Terrasse und (natur-) kundige Führung durch das Vogelparadies. Schwindelfreie können einen Aussichtsturm erklimmen und über das grüne Blätterdach bis zur Flussmündung *(estero)* blicken – vielleicht erhebt sich ja gerade eine rosa Flamingowolke. Tel. (9) 9 16 21 00, Fax 96 21 11; Halbpension, Ausflüge inkl.; ○○○

La Palapa, am Ende der Hauptstraße am Strand. Köstliche Fischgerichte. ○○

Seite
44

****Campeche**

Piratenstadt mit dekadentem Charme

Campeche wird von Touristen meist nur als Übernachtungsstation zwischen Mérida und Palenque geschätzt und damit schlicht unterschätzt, denn die Stadt ist geprägt von einer faszinierenden Mischung aus romantischem Abenteuer, morbider Dekadenz und engagiertem Aufbruch. Jahrelang döste die beschauliche Hauptstadt (180 000 Einw.) des gleichnamigen Bundesstaates im Südwesten der Halbinsel vor sich hin und ließ die prachtvollen Zeugnisse ihrer reichen Vergangenheit verfallen. Unterdessen entstanden monumental-hässliche Verwaltungsbauten im 60er-Jahre-Stil, glücklicherweise außerhalb des historischen Stadtkerns, auf Land, das dem Meer abgerungen wurde. Der Bauboom entlang der Küste hält an, und das Zentrum wurde sorgfältig restauriert. Mit frischen Farben auf den Fassaden präsentiert sich nun das Centro Histórico, das 1999 in das UNESCO-Weltkulturerbe aufgenommen wurde.

Campeches Kathedrale

Geschichte

1517, nachdem sie Isla Mujeres verlassen hatten, umsegelten die Spanier die Nordküste Yucatáns, um im Westen nahe bei Champotón erstmals Festland zu betreten. Aber die Expedition unter Francisco Hernández de Córdoba wurde von den Maya vernichtend geschlagen. Als *La Costa de Mala Pelea,* die »Küste des schlechten Kampfes«, blieb der Landstrich in Erinnerung. 1531 unternahm Francisco de Montejo d. Ä. einen neuen Versuch

etwas weiter nördlich. Ein zweites Mal leisteten die Maya um den Kaziken Ah Kin Pech erbitterten Widerstand.

Erst 1540 gelang es Sohn Francisco de Montejo, »El Mozo«, eine dauerhafte Siedlung zu gründen. *La Villa de San Francisco de Campeche* wurde zu Montejos Stützpunkt für seinen Eroberungszug durch Yucatán.

Campeche gewann rasch an Bedeutung als einzige Hafenstadt der Halbinsel. Der Handel blühte und zog Piraten an. Die standen im Dienst der Feinde Spaniens – England, Frankreich, Niederlande – und sollten die spanische Wirtschaftsmacht ins Wanken bringen.

1686, nach einem von vielen Piratenüberfällen, der mit einem Massaker endete, wurde eine 2500 m lange und 8 m hohe Mauer gebaut. 1704 war die Stadt »eingeschnürt in bärbeißige Wälle mit Zinnen, Schießscharten, Bastionen und Wachtürmen«, schreibt der »rasende Reporter« Egon Erwin Kisch 1940. Ab 1893 wurden sie abgerissen, um Platz zu schaffen für Straßen und Straßenbahnen.

Forts mit Aussicht

Geblieben sind sieben Bastionen, zwei Stadttore und auf den Hügeln beiderseits der Bucht – mit herrlichem Blick über die Stadt – je ein Fort.

Fuerte de San José im Norden beherbergt eine Waffensammlung und Nachbauten von Piratenschiffen.

Fuerte de San Miguel wurde zum Hort für die Maya-Schätze. Prunkstücke sind sechs Jademasken mit Grabbeigaben, die 1984–1994 in Calakmul (s. S. 91) gefunden wurden. Daneben können sich auch die anderen Kostbarkeiten der Sammlung ****Arte Maya** sehen lassen, z. B. winzige aus Muscheln geschnitzte Totenköpfe, eine in Becán (s. S. 93) ausgegrabene Keramikfigur, die im Lotossitz in einer Vase Platz genommen hat, oder die Figuren aus Jaina.

**Altstadt

Seite 44

Den Ring der Stadtmauern markiert der **Circuito Baluartes,** der im Uhrzeigersinn vom Nordwesten aus umrundet wird.

Im **Baluarte de Santiago** wurde ein Botanischer Garten angelegt, in **San Pedro** kann man Ausflüge z. B. nach Edzná buchen, **San Francisco** beherbergt eine Bibliothek.

Tipp Zwischen der **Puerta de Tierra** und dem **Baluarte de San Juan** blieb das längste Stück Stadtmauer erhalten. Der begehbare Wall dient als Kulisse für das sehenswerte Licht-und-Ton-Spektakel zur Geschichte der Stadt (Di, Fr, Sa 20.30 Uhr).

Im **Baluarte de Santa Rosa** wird eine bunte Sammlung von regionalem

---

Modenschau aus Jaina

Kaum waren die Kinder geboren, wurde ihr Kopf so zwischen Holzplatten gebunden, dass sich die Stirn nach hinten bog. Außerdem zwang man sie zum Schielen, damit ihr Blick dem des Sonnengottes entsprach. Nur die markante Nase, dritter Punkt im Schönheitskanon der Maya, war offenbar erblich.

Die kleinen Tonfiguren, die zu Tausenden auf der Insel Jaina gefunden wurden, geben detailgenau Auskunft über Mode, Stand und Tätigkeiten: Eine Weberin hat den Webrahmen genauso umgeschnallt wie heute die Maya-Frauen in Chiapas. Ein Ballspieler ist an Hüfte, Knien und Ellbogen gut geschützt. Ein riesiger Kopfputz mit

Schlangenschmuck, ein ausladender Kragen, Ketten, Ohrgehänge und Armreifen kennzeichnen den Herrscher *(Halach Uinic)*. Neben sorgfältig gearbeiteten Einzelstücken gab es eine Massenproduktion mit Modeln.

Die Tonfiguren wurden den Toten mit ins Grab gegeben. Lange Zeit hielt man deshalb Jaina für eine Begräbnisstätte, doch ist mittlerweile erwiesen, dass die flache, von Mangroven gesäumte Insel bewohnt war. Eine Legende erzählt von einem glücklichen Volk auf der Insel der Toten, das eines Tages fliehen musste, als ein Gott eine Flutwelle weissagte. Schnell vergruben daraufhin alle ihre künstlerischen Werke.

Seite 44

Kunsthandwerk, gezeigt, in **San Carlos** befindet sich ein schlichtes Stadtmuseum.

Im **Baluarte de Nuestra Señora de la Soledad** sind neben etlichen verwitterten Stelen einige hervorragend erhaltene aus kleineren Maya-Stätten ausgestellt. Dieses **Museo de Estelas Mayas** begrenzt im Westen den Parque Principal, der von der mächtigen, im Innern einfach dekorierten **Catedral de la Concepción ❶** dominiert wird. Der Pavillon im Park ist Treffpunkt zum abendlichen oder sonntäglichen Schwatz.

Hübsch restauriert wurde die **Casa Nr. 6** am Parque Principal, die jetzt die Touristeninformation der Stadt sowie ein Centro Cultural mit einem kleinen Museum und historisch eingerichteten Wohnräumen beherbergt. Regelmäßige Veranstaltungen im Patio (Tel. 8 11 39 89).

Tipp Stadtrundfahrten mit der historischen **Tranvía** (Straßenbahn auf Rädern) starten am Parque Principal, tgl. um 9.30, 18 und 20 Uhr; ca. 1 US$.

❶ Catedral de la Concepción
❷ Casa del Teniente del Rey
❸ San Francisquito
❹ Iglesia San José

CAMPECHE

0 — 200 m

N

Golfo de México

Fuerte de San José,
Barrio San Francisco
Iglesia de Guadalupe

Avenida Ruiz Cortínez

Baluarte de Santiago
Jardín Botánico

Avenida Circuíto

Calle 10

Calle 12

16 de Septiembre

Mansión Carvajal

Calle 8

Baluarte de N.S. de la Soledad

Parque Principal ❶

Puerta de Mar

Teatro Fco. de Punta Toro

Baluartes Norte

Calle 51

Calle 53

Avenida

Calle 55

Calle 10

Calle 12

Baluarte de San Carlos

Inst. Cultural

Calle 57

Calle 14

Calle 16

Fuerte de San Miguel

Avenida Ruiz Cortínez

❹ Inst. Campechano

❸

Calle 59

Calle 8

Calle 61

❷

Baluarte de San Pedro ❶

Mercado

Costa Rica

Nicaragua

Calle 63

Calle 16

Baluarte de S. Francisco

Puerta de Tierra

Parque Alameda

Avenida República

Calle 65

Avenida Circuíto

Baluarte de Sta. Rosa ❶

Baluartes Sur

Calle 18

Calle 16

Baluarte de San Juan

Av. Circuíto Baluartes Este

Avenida Central

Seite 44

Vorbildlich restauriert, versprüht die Altstadt kolonialen Charme

Im historischen Zentrum, neun Straßenblocks lang und fünf breit, lässt es sich angenehm bummeln, am besten morgens oder spätnachmittags, wenn die Sonne nicht ganz so heiß brennt und die Bewohner ihre Holztüren und die Fenster hinter schmiedeeisernen Gittern öffnen und Vorübergehende ungeniert an ihrem Leben teilnehmen lassen.

Das schönste Haus ist die ✱**Mansión Caravajal,** die sich ein reicher Hacienda-Besitzer im 19. Jh. als Stadtvilla im maurischen Stil erbauen ließ und die heute der Verwaltung dient (C. 10; Öffnungszeiten: zu Bürozeiten).

Noch aus der Kolonialzeit stammt die **Casa del Teniente del Rey ❷**. Das Haus des königlichen Statthalters ist Sitz des Anthropolog. Instituts INAH.

✱**San Francisquitos ❸** Zier sind seine Schnitzaltäre. Die barocke **Iglesia San José ❹** wird als Bibliothek und Ausstellungsraum vom (Universitäts-) **Instituto Campechano** genutzt.

Sehenswert sind außerhalb der Mauern im Norden die schmucken Kirchen **Nuestra Señora de Guadalupe** und **San Francisco.**

Im traditionellen Barrio San Francisco öffnen nur abends zur *cena* die **cenadurías** und servieren regionale Spezialitäten. ❍

Información Turística, Plaza Moch-Couoh, Tel. (9) 8 16 73 64, Fax 8 16 67 67.

Ramada, R. Cortínez 51, Tel. 8 16 22 33, Fax 8 16 44 11. Große Zimmer mit Balkon zum Meer, Pool. Gutes Restaurant. Beliebte (laute) Disko (Do–Sa). ❍❍❍

▌**La Pigua,** Av. Miguel Alemán 179 A, Tel. 8 11 33 65; Fisch und Meeresfrüchte vom Feinsten. 12–17 Uhr. ❍❍

▌**America Plaza,** Calle 10 (59 y 61), Tel. 8 16 45 88. Koloniales Haus, im Zentrum, ordentliche Zimmer. ❍

Marganzo, C. 8 (57 x 59). Hübsches folkloristisches Ambiente, erstklassige regionale Küche; 7–22 Uhr. ❍❍

La Parroquia u. gegenüber **Los Portales,** beide Calle 55 (10 y 12), servieren bodenständig gute Fischgerichte in gemütlicher Atmosphäre; 24 Std. ❍

Seite
51

**Cancún

Die Ferienfabrik lässt kaum Wünsche offen

Den ganzen Tag am Strand verbringen, sich im Luxushotel verwöhnen oder zu sportlichen Aktivitäten animieren lassen, einkaufen, so viel der Geldbeutel erlaubt, die Vergnügungszentren erobern und durchtanzen bis zum Morgen: Wer im Urlaub neben Sonne und Wasser lebhafte Abwechslung sucht und mit dem Dollar nicht knausern muss, hat mit Cancún das richtige Reiseziel gewählt. Wem die Ferienfabrik allerdings zu wenig mexikanisch ist, der kann die ausgezeichnete Infrastruktur des karibischen Badeortes für einen Absprung in ruhigere Gefilde nutzen, für Ausflüge in die geheimnisvolle Welt der Maya.

Geschichte

Begonnen hat in Cancún alles fast wie im Märchen. Es war einmal ein winziges Fischerdorf am östlichen Rand der Halbinsel Yucatán mit kaum mehr als 100 Einwohnern. Sie lebten bescheiden von dem, was die Karibik hergab, verarbeiteten die Kokosnüsse zu Kopra, dem Ausgangsstoff für die Kokosölgewinnung, und waren glücklich.

Bis Ende der 1960er Jahre in der fernen Hauptstadt Mexikos Tourismusplaner das ideale Ferienziel suchten. Sie gaben Daten, Fakten, Wünsche in einen Rechner ein – 240 Sonnentage im Jahr, Temperaturen der Luft: 27 °C, des Wassers: 24 °C, weißer Sand, türkis schillerndes Meer, azurblauer Himmel ... – und siehe da, der Computer spuckte aus: Cancún, »dort, wo der Regenbogen geboren

wird« in der poetischen Sprache der Maya oder schlicht »Goldtopf«. Der Name wurde für manchen Investor zum Programm.

So märchengleich der Beginn, so gezielt kommerziell verlief der Aufstieg dieser perfekt geplanten Ferienstadt zu Mexikos international populärstem Urlaubsziel und wichtigstem Devisenbringer.

Den Durchbruch brachte ein politisches Ereignis. 1981 trafen sich die Regierungschefs der Industrienationen, um in einem der größten Schuldnerländer der Welt über die Schulden der Entwicklungsländer zu beraten. Die Bilder der Staatsmänner vor der traumhaften Strandkulisse hievten den unbekannten Ort auf die Weltkarte. Inzwischen hat Cancún mehr als 20 000 Hotelzimmer, mindestens 200 Restaurants und über 2,5 Millionen Besucher im Jahr.

Cancún ist eine lang gestreckte, schmale Sandinsel, die sich wie die Ziffer 7 krümmt. Die einst üppige Palmenvegetation ist wie in vielen Teilen Mexikos und auf manchen Karibikinseln einem Virus *(Mycoplasma de coco)* zum Opfer gefallen. Doch resistente Neuanpflanzungen wachsen langsam nach.

⚠ Meeresströmungen: Auf der Westseite umschließt die Insel die idyllische, von Mangroven gesäumte Laguna de Nichupté, im Osten öffnet sie sich zum Karibischen Meer, das ziemlich rau werden kann und dann bedrohliche Unterströmungen entwickelt. Die Hotels signalisieren mit gelben und roten Wimpeln Gefahr; bei Grün können Sie in die Wellen tauchen. Die Strände an der **Bahía de Mujeres** im Norden haben durch die vorgelagerte Isla Mujeres den geringsten Wellengang und eignen sich – wie die Lagune – für Windsurfing.

Seite 51

Cancún – ein weltberühmtes Dorado für Wassersport und Nightlife

In der Zona Hotelera auf der Isla Cancún bleiben die Touristen unter sich. Die Versorgungsstadt Ciudad de Cancún wurde auf dem Festland platziert. Ursprünglich geplant für 30 000 Menschen, ist sie längst zehnmal so groß. Schätzungen reichen bis 500 000 Einwohner.

Zona Centro

Die Zona Centro kann man zu Fuß erkunden. Entlang der **Avenida Tulum** liegen Rathaus, Touristeninformation, Banken, Supermärkte und Wechselstuben, einfache (und preisgünstige) Hotels, Restaurants und Bars, Boutiquen und Artesanía-Märkte, die kunterbunte Souvenirs aus ganz Mexiko anbieten. Der Busbahnhof folgt gleich um die Ecke an der Avenida Uxmal.

Nur einen Block von der lebhaften Avenida Tulum entfernt hat der **Parque las Palapas** die Funktion eines traditionellen Hauptplatzes *(Zócalo)*. Hier treffen sich die Bewohner abends zum Plausch und zu billigen Tacos, die in mobilen Garküchen zubereitet werden.

Ein weiteres Stück echtes Mexiko verkörpert der **Mercado 28** (Avenida Xel Ha, neben der Post) mit seinen einladenden Essensständen. In familiärer Atmosphäre und zu günstigen Preisen stehen Gerichte aus ganz Mexiko zur Wahl.

Zona Hotelera

Die Avenida Cobá geht über in den vierspurigen **Boulevard Kukulcán,** der die Zona Hotelera durchquert und stellenweise geschmückt ist mit Repliken präkolumbischer Skulpturen und Monumente. 22 km eignen sich natürlich nicht für einen Bummel, man kann aber ein Taxi, Fahrrad oder Rollschuhe mieten oder in den Bus steigen.

An der **Playa Linda** (vor der Brücke) legen Ausflugsboote zur Isla Mujeres ab. Danach folgt Hotel auf Hotel, dazwischen Restaurants, Bars, Diskos, Läden, Reisebüros, Autovermieter und Sportzentren, und trotzdem haben alle Anlagen ausreichend Platz für tropische Gärten und Poollandschaften. Die Vielfalt der modernen Architektur, die sich in grandiosen Ho-

Seite 51

telhallen, Ladenpassagen und fantasievoll ausgestatteten Restaurants bewundern lässt, ist die eigentliche Sehenswürdigkeit in Cancún.

! Nirgendwo sonst auf Yucatán achtet die Verkehrspolizei so peinlich genau (und so häufig) auf die Einhaltung der Höchstgeschwindigkeit (60 km/h) wie am Boulevard Kukulcán.

Maya-Ruinen

Als ein Golfplatz auf einer Insel in der Lagune gebaut wurde, entdeckte man **Pok-Ta-Pok.** Der Maya-Name bedeutet Ballspielplatz, und so heißt nun auch die Golfanlage. **Lamil-Lu'um** vor dem Sheraton-Hotel könnte ein Leuchtturm gewesen sein.

San Miguelito liegt schräg gegenüber von **El Rey,** der größten archäologischen Zone Cancúns, die vom Golfplatz des Hotels Caesar Park umgeben ist. Über 40 Strukturen mit Plattformen, Treppen und Altären haben Archäologen hier ausgemacht. Die niedrigen weißen Bauten sind bevorzugter Aufenthaltsort von Leguanen.

Centro de Convenciones

La Cabeza del Rey, der eindrucksvolle »Kopf des Königs«, ist Prunkstück im eher bescheidenen archäologischen **Museo de Cancún** (Öffnungszeiten: Di–Sa 10–19, So 10–17 Uhr), das einen ersten Überblick zur Maya-Kultur vermittelt. Das Museum liegt im Centro de Convenciones nahe der Punta Cancún.

Tipp Im großen Saal des Kongresszentrums des tritt allabendlich das **Ballet Folklórico de Cancún** auf.

Rund um den Tagungspalast, auf dieser Fußgängerinsel im Straßenverkehr, konzentriert sich das touristische Leben mit zahlreichen Einkaufs- und Vergnügungszentren.

Die elegante, voll klimatisierte **Plaza Caracol** versammelt unter ihrem Glasdach über 200 teure Geschäfte wie Juweliere und Designermode, Galerien und Restaurants. Originell sind »Tequila-Museum« und »Tequila-Keller«, die angeblich 100 Sorten des hochprozentigen Getränks in teils edlen Flaschen zum Verkauf präsentieren. Volkstümlicher geben sich **Mayfair Plaza** und **Plaza Laguna** mit kleinen Läden direkt an der Fußgängerzone.

In den Plazas kann man auch im Freien essen, umgeben von lauter Musik der unterschiedlichsten Stilrichtungen.

Auf Reggae, Música tropical, Rock oder Techno haben sich die Diskotheken im **Party Center** spezialisiert, wo es erst ab Mitternacht so richtig losgeht (s. S. 6 f.).

CANCÚN CENTRO
0   200 m

Zwischen den Edelboutiquen behauptet sich der traditionelle Artesanía-Markt **Coral Negro.**

▮ Den Stil eines mexikanischen Dorfes ahmt gegenüber das schmucke Artesanía-Zentrum **El Zócalo** nach. Auf hübsch dekorierten Karren werden vorzugsweise Silber- und andere Schmuckwaren angeboten. Die Open-air-Bühne beleben regelmäßig Folkloreveranstaltungen.

▮ In den Süden locken die Shopping Malls **Plaza Flamingo** (mit Gymnastikstudio; km 11) und

▮ **Plaza Kukulcán** (mit Bowlingbahn und Kinos; km 13). Die klimatisierten Hallen können an heißen Tagen willkommene Oasen sein.

Tipp Cancún ist ein idealer Standort für Ausflüge: zum Beispiel nach **Tulum** (s. S. 63), **Cobá** (s. S. 64) und **Chichén Itzá** (s. S. 68). Auch zur grandiosen Maya-Stadt **Tikal** (Guatemala; s. S. 31) werden Touren per Flugzeug (1–2 Tage) angeboten.

Zur **Isla Mujeres** (s. S. 57) kann man mit einem Wassertaxi flitzen, auf einem Riesenschiff Partystimmung genießen oder sich auf einem originalgetreuen Nachbau der »Niña« wie Kolumbus auf seiner Entdeckungsreise fühlen (Colón Tours, Playa Linda, Tel. 8 84 18 98).

Ausflug zur Isla Contoy

Mit dem Nachbau eines Piratenschiffs fährt – bei günstigem Wind unter Segel – Colón Tours (s. oben) auch zur östlichsten Insel Mexikos (6,5 km lang, bis zu 2 km breit). Sie ist Vogelschutzgebiet und nur von einigen Biologen sowie – wegen der Nähe zu Kuba (350 km) – von Marinesoldaten bewohnt. Die Zahl der Touristen, die pro Tag die Insel besuchen dürfen

Isla Contoy besitzt bezaubernde Palmenstrände

(Führung durch einen Biologen) ist beschränkt.

Je nach Jahreszeit halten sich dort bis zu 100 Vogelarten auf. Immer anzutreffen sind Pelikane, Kormorane und Prachtfregattvögel. Letztere nisten zu Hunderten in den Mangroven. Neben der Anlegestelle im Süden gibt es paradiesische Strände unter Palmen. Zum Tagesausflug gehört ein leckeres Fischessen auf dem Boot und eine Schnorchelpause am Großen Maya-Riff (s. S. 55).

i Am Flughafen sowie in der Touristeninformation, Av. Tulum 26, Tel. (9) 8 84 80 73, 8 84 04 37, liegen nützliche Broschüren aus. Öffnungszeiten: tgl. 9–21 Uhr.

Flughafen: 8–25 km von den Hotels entfernt. Nur Taxi (ca. 400 Pesos) oder Kollektivtaxis (75 Pesos).
Busbahnhof: Av. Uxmal/Av. Tulum. Verbindungen nach Playa del Carmen ca. alle 20 Min., häufig nach Tulum, Chetumal, Mérida. Busse (4 Pesos) zwischen Centro und Zona Hotelera

Seite 60

Seite 51

Die fantasievolle Architektur der Hotels ist sehenswert

Idyllisch liegt das Restaurant »Lorenzillo's« an der Lagune

fahren bis Mitternacht. Taxis haben feste Tarife (im Zentrum 10 Pesos, zu den Hotels bis 60 Pesos).

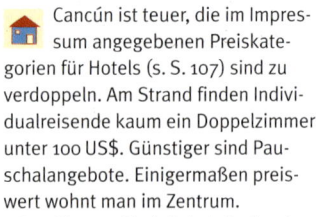

Cancún ist teuer, die im Impressum angegebenen Preiskategorien für Hotels (s. S. 107) sind zu verdoppeln. Am Strand finden Individualreisende kaum ein Doppelzimmer unter 100 US$. Günstiger sind Pauschalangebote. Einigermaßen preiswert wohnt man im Zentrum.

▮ **Dos Playas,** Blvd. Kukulcán, km 6,5, Tel. 8 83 05 00, Fax 8 83 20 37. Einfache Anlage am Strand. Die Zimmer sind sparsamst ausgestattet, einige mit Balkon. Nettes Restaurant und Bar. ○○

▮ **The Ritz-Carlton Cancún,** Retorno del Rey 36, Tel. 8 85 08 08, Fax 8 88 10 15. Old-World-Charme und Hacienda-Stil sind hier auf das Nobelste vereinigt. ○○○

▮ **Meliá Cancún,** Blvd. Kukulcán, km 16,5, Tel. 8 85 11 14, Fax 8 85 10 85. Die Glaspyramide ist ein architektonisches Meisterwerk. Neun Stockwerke hohes Atrium voller tropischer Pflanzen. Zimmer mit großer Terrasse und Liegestuhl, teils zum Meer, teils zur Lagune. Pools für Morgen- und Nachmittagssonne. Großes Fitness- und Wellnesscenter mit Openair-Abteilung. ○○○

▮ **Hilton Cancún Beach & Golf Resort,** Blvd. Kukulcán, km 17, Tel. 8 81 80 00, Fax 8 81 80 82. Luxushotel in Pyra-

midenform (kleine Balkone) und elegante Villen mit Terrasse, grandioser Pool über mehrere Ebenen, eigener Golfplatz. Im Restaurant **Spices** üppige Buffets. ○○○

▮ **El Pueeblito** (all-inclusive), Blvd. Kukulcán, km 17,5, Tel. 8 85 04 22, Fax 8 85 07 31. Im Stil eines mexikanischen Dorfes, bei Europäern beliebt. ○○

▮ **Westin Regina Resort,** Blvd. Kukulcán, km 20, Tel. 8 85 00 86, Fax 8 85 00 74. Traumhafte Strände am Meer und an der Lagune (Paddelboot, Windsurfbrett inkl.). Kräftige Farben, klare Linien, mexikanische Kunst: die Handschrift des mexikanischen Architekten Ricardo Legorreta. Angenehm edel-rustikaler Komfort. Die teureren Zimmer haben Balkon oder Terrasse. ○○–○○○

▮ **Hotel Colonial,** Tulipanes 22, Tel./Fax 8 84 15 35. Hübsches und einfaches Haus in einer ruhigen Seitenstraße im Zentrum. ○

Im Zentrum: **La Habichuela,** Margaritas 25, Tel. 8 84 31 58; Öffnungszeiten: ab 13 Uhr. Eines der ältesten Lokale Cancúns. Am schönsten sitzt man im lauschigen Garten, die Dekoration ist Bauten und Kunstwerken der präspanischen Maya nachempfunden. Genießen Sie ausgezeichnetes Essen mit karibischem Pfiff. ◐◐–◐◐◐

❚ **Rosa Mexicana,** Claveles 4, Tel. 8 84 63 13. Gute mexikanische Küche, nettes Ambiente. ◐◐

❚ **La Placita,** Av. Yaxchilán/Uxmal. Das Fleisch für die Tacos wird im Freien gebrutzelt, wo man auch angenehm sitzt; innen stilvolles Ambiente. ○

❚ Weitere **Taquerías** befinden sich in der Avenida Yaxchilán. ○

❚ *Am Blvd. Kukulcán:* **Captain's Cove,** gegenüber Hotel Royal Maya. Mit

Blick und Terrasse auf die Lagune. Fisch und Steaks. ○○○

❚ **Lorenzillo's,** gegenüber Hotel Villas Plaza, Palapa an der Lagune, Tel. 8 83 12 54; 10–23.30 Uhr. Spezialität sind Hummer von einer eigenen Hummerbank. Unterhaltung mit Livemusik. ○○○

Péricos, Yaxchilán 71, Tel. 8 84 31 52; Öffnungszeiten: 13–2 Uhr. Mexikanische Küche im filmreifen Revolutions- und Folklore-Ambiente. Mariachi- und Marimba-

Seite
51

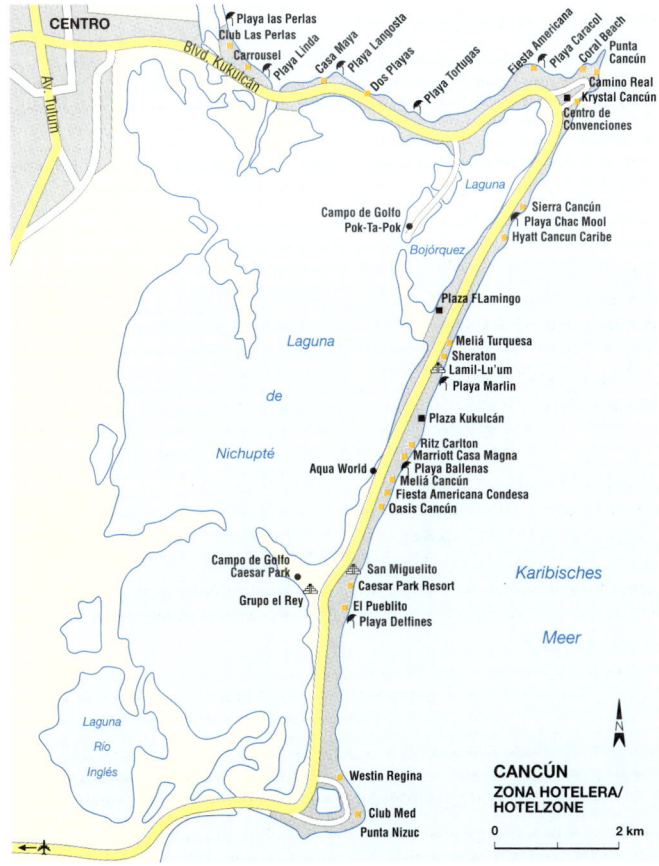

Seite 51

Musik. Manchmal Warteschlangen am Eingang. ○○

▌ **Farandula,** Blvd. Kukulcán/Cencontle Str. gegenüber Playa Tortugas, Tel. 8 83 05 10. Restaurant und Bar, Livemusik und Gelegenheit zum Tanzen. Dekoration im Stil von Mexikos Kino der 1940er Jahre. ○○○

▌ **Mango Tango,** km 14,2, Tel. 8 85 03 03; Öffnungszeiten: ab 13 Uhr. Livemusik (Reggae) und Show zum karibischen Dinner. ○○–○○○

Tanzen: »In« sind derzeit **La Boom** und **Dady'O.**

▌ Im **Azúcar** tanzt man karibische Rhythmen zu Livemusik.

▌ Edel und beliebt: **Christine's** im Hotel Krystal.

▌ Beliebter Tanzsalon für tropische Rhythmen im Zentrum ist das **La Pachanga** (Av. Cobá 12).

Folkloreshows gibt es im Convention Center und im Hotel Continental Villas Plaza (mit Buffet und Drinks). Die meisten Hotels laden regelmäßig zur Fiesta Mexicana oder anderen Themenabenden.

Dinner-Cruises: Romantisch geht es zu auf dem Schaufelraddampfer »Cancún Queen« (Tel. 8 85 22 88), Abenteuerliches verspricht die Piratennacht (Tel. 8 83 14 88).

Sport: Golf-Club Pok-Ta-Pok, Blvd. Kukulcán, km 7,5, Tel. 8 83 08 71; Öffnungszeiten: 6–18 Uhr. Zwischen den Lagunen umrundet der Parcours auch eine Maya-Ruine (s. S. 48).

▌ Ein zweiter 18-Loch-Golfplatz gehört zum Hotel **Hilton Cancún.**

▌ **Aqua World,** Blvd. Kukulcán, km 15,2, gegenüber Meliá Cancún, Tel. 8 85 22 88. Tolles Wassersportzentrum. Öffnungszeiten: 8–22 Uhr.

▌ **Wet 'n' Wild Waterpark,** Blvd. Kukulcán, km 25, Tel. 8 85 18 55. Vergnügungszentrum mit Riesenrutschen etc.

****Cozumel und *Isla Mujeres**

Inselträume

Wenn ein Kreuzfahrtschiff an der Muelle Internacional anlegt oder außerhalb Anker wirft, steht San Miguel kopf: »Welcome cruceros«, begrüßen die Geschäfte die Kunden, die ihren Kurzaufenthalt auf Cozumel vor allem zum Einkauf von edlem Schmuck und billigen Souvenirs nutzen. Stunden später kehrt wieder Ruhe ein in den sympathischen kleinen Ort auf Mexikos größter Insel. Die Kreuzfahrt-Pötte allein bescheren Cozumel (gut 50 km lang, 15 km breit, 20 km vom Festland entfernt, ca. 50 000 Einw.) knapp 1 Mio. Besucher im Jahr. Kaum mehr als 100 000 beziehen alljährlich für einige Zeit Quartier.

Mujeres, Cozumels kleine Inselschwester (13 500 Einw.), 8 km lang und etwa 800 m breit, hat sich vom Tourismus nicht in ihrem provinziellen Lebenstakt stören lassen. Nur die Tagesausflügler aus dem 12 km entfernten Cancún bringen Abwechslung in den beschaulichen Inselalltag.

Tauchparadies

Profis zählen Cozumels Küstensaum zu den weltbesten Tauchgebieten. Sie finden außerdem ein wildromantisches Hinterland und entlang der geschützten Westküste angenehme Hotels in tropischen Gärten. Nicht alle Unterkünfte haben die playa direkt vor der Tür; die schönsten Sandstrände liegen im Südwesten.

**Cozumel – Insel mit Geschichte

In vorspanischer Zeit war Ah-Cuzamil Petén, das »Land der Schwalben«, bedeutendes Pilgerzentrum der Maya. Vor allem Frauen sollten zumindest einmal in ihrem Leben den Schrein der Fruchtbarkeitsgöttin Ixchel aufsuchen und ihr als Opfergaben kleine weibliche Idole darbringen. Ixchel hieß auch »Frau Regenbogen« und wurde als Mondgöttin verehrt. Sie war Gefährtin des obersten Gottes Itzamná und schützte die Webkunst, Zauberei, die Heilkunst und alle Schwangeren.

Die Spanier ließen auf Cozumel die Heiligtümer der Maya einreißen und Kirchen erbauen. Und sie schleppten Krankheiten ein. Ende des 16. Jhs. war die Insel nahezu menschenleer, blieb aber weiterhin Pilgerziel.

Als 1848 auf dem Festland der Krieg der Kasten (s. S. 16) ausbrach und Weiße und Mestizen aus den Städten und Haciendas vertrieben wurden, flüchteten viele von ihnen nach Cozumel. Die Hacendados kultivierten das Land. Auch entdeckten sie den Reichtum an *Chicozapote*-Bäumen: Cozumel stieg zu einem Zentrum der *Chicle*-Gewinnung, einer Art (Kau-) Gummimasse, auf. 1,5–2 kg Latex bringt ein Baum im Durchschnitt.

Anfang der 1960er Jahre weckte der Meeresforscher Jacques Yves Cousteau mit spektakulären Dokumentarfilmen weltweit die Neugier auf Cozumels faszinierende Unterwasserwelt.

San Miguel

Einen guten Überblick über Geschichte und Natur der Insel gibt das **Museo de la Isla de Cozumel** in einem ehemaligen Hotel am *Malecón,* der Hafenpromenade Rafael Melgar.

In einem Raum ist eine Urwaldkulisse, in einem anderen ein Korallenriff

Ganz auf den Tauchsport eingestellt, gibt sich Cozumel leger

nachgebildet, um die jeweiligen Lebensbedingungen für Tiere und Pflanzen zu veranschaulichen.

Der Streifzug durch die Geschichte beginnt mit Funden aus mehr als 30 archäologischen Zonen und endet mit Fotos der jüngsten Zeit, u. a. von den Zerstörungen, die Hurrikan Gilbert 1988 verursachte, oder einer Karnevalsparade, denn Cozumel ist Hochburg des *Carnaval.* Öffnungszeiten: tgl. 9–20 Uhr.

🍴 Ein Terrassencafé mit romantischem Blick auf das weite Meer lädt zur Pause ein.

Das Zentrum von San Miguel liegt an der Fähranlegestelle. Rund um den Hauptplatz, der mit den angrenzenden Straßen Fußgängerzone ist, haben sich Restaurants, Bars und viele Geschäfte angesiedelt.

🍴 **Palmeras,** am Pier, der Treffpunkt schlechthin mit besten Piña Coladas und Margaritas. Essen teuer. ○○○

🎁 Es gibt Marktstände, Boutiquen und Kunsthandwerk aus ganz Mexiko. Die teuren Juweliergeschäfte und Parfümerien säumen die Avenida Rafael Melgar.

Seite 60

Seite **60**

Fährverbindungen: ab/bis Playa del Carmen (12-mal tgl.), ca. 45 Min. *Water Jet;* ca. 55 Min. normales Boot.

All-inclusive-Hotels, u. a. **Diamond, Meliá-Paradisus, El Cozumeleño, Sol Caribe,** bucht man am besten vorab im Reisebüro.

▌ **Club Cozumel Caribe** (all-inclusive), Playa San José, nördl. der Stadt, Tel. (9) 8 72 01 00, Fax 8 72 02 88. Schöner Strand, legere Atmosphäre. Große Zimmer mit Balkon/Terrasse. Viel Sport, u. a. Tauchgänge. ○○○

▌ **Playa Azul,** Carr. a San Juan, km 4 nördl., Tel. 8 72 01 99, Fax 8 72 01 10. Freundlich, am Strand, Zimmer mit Balkon. ○○

▌ **Vista del Mar,** am Malecón (Av. R. Melgar), Tel. 8 72 05 45. Zentral, solide. ○○

▌ Einfache und preiswertere, keineswegs billige Unterkünfte finden sich im Stadtzentrum (ab ca. 30 US$).

Casa Dennis, traditionelles Lokal (Holzhaus) am Hauptplatz (C. 1 Sur/Av. 5). Ausgezeichnete yucatekische Küche (*sopa de lima,* Langusten). ○

▌ **Muy Mexicano,** Av. Adolfo Rosado Salas/Av. 5 Sur. Leckeres, preiswertes mexikanisches Buffet zum Frühstück, Mittag- und Abendessen in hübschem mexikanischem Ambiente. ○

Tipp Für eine **Inselrundfahrt** sollte man einen vollen Tag einplanen und zwischendurch nicht allzu lange an den Stränden verweilen. Man kann sich ja den schönsten für einen anderen Tag vormerken.

San Gervasio

Die Straße Benito Juárez geht über in die *Transversal,* die die Insel so ziemlich an der breitesten Stelle durchquert. Nach etwa 8 km zweigt links

»Muy Mexicano«, der Name ist Programm für das Lokal

eine Straße zur archäologischen Zone San Gervasio ab. Der Ort weist eine lange Besiedlungsgeschichte (300 bis 1650) auf. In postklassischer Zeit war er wichtiger Handelsstützpunkt. Etliche kleine Bauten liegen verstreut in dichtem Dschungel, durch mehrere *sacbéob* (»weiße Straßen«) verbunden. Zur ersten Gruppe gehört die **Struktur der kleinen Hände,** mit roten Handabdrücken auf den Außenmauern. Auf einer breiten *sacbé* gelangt man durch einen klassischen Maya-Bogen zu **Nohoch Na,** dem »Großen Haus«, auf einer runden Plattform.

Noch weiter im Dschungel eröffnet eine Lichtung den Blick auf die **Fledermaus-(Murciélago-)Gruppe** und das »Runde Haus«, Pet Nah. Die zwei Bauten sind malerisch von Wasser umgeben, *matapalos* (Baumwürger) umschlingen benachbarte Baumstämme.

Die Szenerie lässt an ein verwunschenes Märchenschloss denken. Macht demonstrieren dagegen die Bauten mit Säulen, Treppen und Gewölben, die um die rechteckige **Plaza Central** oder **Acropolis,** angeordnet sind. Beim Waldspaziergang über uralte Maya-Steine können Pekaris (Nabelschweine), dicke Leguane und winzige Echsen den Weg kreuzen. Öffnungszeiten: 8–16 Uhr; Cafetería, Artesanía-Läden.

Ostküste

Auf der Transversal erreicht man nach weiteren 8 km die Ostküste, wo der Atlantik mit heftigen Wellen heranbrandet.

Seite
60

Die einfache Holzhütte von **Mezcalito's** (Fisch und Snacks) trotzt tapfer dem Wind. ○–○○
Am **Punta Morena,** einem preiswerten und guten Restaurant mit freundlicher Bedienung, werden Pferde vermietet. ○–○○

Chen Río ist ein traumhafter, durch ein Riff geschützter Badeplatz mit Restaurant. **El Mirador** gewährt den besten Ausblick auf die wilde Brandung

Das Gran Recife Maya bietet eine einmalige Unterwasserwelt

El Gran Recife Maya

Lange Zeit war es das Palancar-Riff vor Cozumel, das die mexikanische Karibik für Taucher so anziehend machte. Doch Palancar ist nur Teil eines riesigen Systems. Das **Große Maya-Riff** beginnt auf Höhe der Isla Contoy und zieht sich an Isla Mujeres und Cozumel vorbei die Küste entlang bis Belize, Guatemala und Honduras. Mit 1200 km Länge ist es nach dem Great Barrier Reef Australiens das zweitgrößte Barriereriff der Welt. Bänke und steil abfallende Wände, Höhlen, Gräben und Türme, Vorsprünge und Überhänge, Atolle und Inseln bilden das »Geschenk der Götter«, wie die Maya das Millionen Jahre alte Ökosystem poetisch nannten.

In den warmen und lichtklaren Fluten finden Korallen bis etwa 40 m Tiefe ideale Lebensbedingungen. Die mitunter steinharten Gebilde bestehen aus tausenden winzigen Polypen, die sich zu Kolonien zusammenfinden und Kalk absondern. Die Kalkformationen bilden das Riff, eine Welt für sich und in ihrem Artenreichtum dem Regenwald vergleichbar. Über 500 Fischarten und Schalentiere tummeln sich an einem einzigen Riff. Vielfältig sind die Korallenarten: Hirn- und Rindenkorallen, Zylinderrosen, Seefächer. Sie sehen aus wie Rosen oder Palmen und wiegen sich dicht unter der Wasseroberfläche, *borrachos del sol* – »betrunken von der Sonne«, sagen die Mexikaner.

Die Korallenriffe sind nicht nur ein einzigartiges Erlebnis für Taucher, sondern Existenzgrundlage der magisch schönen Strände: Die Brandung verliert ihre Wucht an den Riffen, und der feine weiße Sand besteht aus feinst zermahlenen Korallen und Muscheln.

Seite 60

einer Felsenküste. Die beiden Cafés **Rasta's** und **Paradise** verbreiten mit Reggae karibische Stimmung, und sie vermieten Pferde – das beste Verkehrsmittel, um an **Caracol,** dem Leuchtturm der Maya, vorbei zum modernen Leuchtturm der Punta Celarain zu gelangen.

Südwestküste und El Cedral

Landeinwärts weicht die karge Küstenvegetation üppigem Buschwald, aus dem *Ceibas* herausragen. Paradiesisch ruhig unter Palmen liegt die **Playa Palancar** (mit Restaurant). Boote schippern hier Schnorchler und Taucher zu den Riffen. Alle folgenden Strände sind ausgestattet mit Toiletten, Duschen, Schließfächern und haben (teure) Restaurants und ein umfangreiches Sportangebot. An der

Playa Sol, einem herrlich goldfarbenem, breitem, kilometerlangem Strand findet man leicht ein ruhiges Plätzchen, während es an der populären **Playa San Francisco** am Wochenende mexikanisch laut zugeht.

Unterwegs weist ein Schild rechts den Weg nach **El Cedral.** In der Siedlung, die von Honig und Landwirtschaft lebt, behauptet sich ein überwachsener Maya-Tempel unmittelbar neben einem modernen Kirchlein.

Parque Nacional Chankanaab

In dem schön angelegten Naturpark (mit einem kleinen Meeresmuseum) macht es Spaß, einen ganzen Tag zu verbringen: faulenzen, schwimmen, schnorcheln und tauchen. Das von Höhlen durchzogene Riff reicht bis unmittelbar an den weißen Sand-

---

Das Ende der Schwarzen Koralle

Roberto ist ein Künstler. Mit feinsten Geräten bearbeitet er das harte Material und schnitzt daraus wahre Wunderwerke: winzige Tiere, Figuren und edelste Schmuckstücke. Sein Werkstoff ist Schwarze Koralle. Und da beginnt das Problem.

Das filigran strukturierte Gebilde, das einem Bonsai gleicht, war schon bei den alten Griechen, in Indien und auch in China als Schmuckstein begehrt. Jahrhundertelang glaubte man dann, die Schwarze Koralle wäre weltweit ausgestorben, bis Jacques Cousteau einen schier unerschöpflichen Reichtum in den Riffen vor Cozumel entdeckte. Die Insel wurde zum Zentrum für Schmuck aus Schwarzer Koralle und blieb es bis Anfang der 1980er Jahre.

Jeder zweite Ladenbesitzer schien davon zu leben. Die Situation hat sich aber inzwischen rapide geändert, denn Korallen sind am Großen Maya-Riff beinahe vollständig verschwunden. Nur noch in großen (und für Taucher gefährlichen) Tiefen wachsen die Blumentiere, gerade mal 3 cm in 50 Jahren.

Mexikos Gesetze erlauben eine kontrollierte »Ernte«. Mit einem *permiso de pesca* darf Schwarze Koralle in Mexiko verarbeitet und legal verkauft, aber nicht in EU-Länder eingeführt werden! Ein Ort für Schmuck ist Cozumel geblieben. Jetzt haben sich viele Juweliere vom schwarzen auf echtes Gold verlegt und verkaufen zudem Edelsteine oder Silberschmuck aus Taxco.

Siesta! Nur am Strand unter Palmen ist die Hitze erträglich

strand und ist ideal auch für Anfänger. In dem kristallklaren Wasser der Lagune, die unterirdisch mit dem Meer verbunden ist, dürfen sich nur noch Fische tummeln.

Ein Pfad führt durch einen Botanischen Garten und gleichzeitig zu Mexikos prähispanischen Kulturen. Rund 60 Repliken von Bauwerken, Stelen und Statuen säumen den Weg, darunter der aztekische Kalenderstein (aus Mexiko-Stadt) und ein Olmeken-Kopf. Der Nachbau einer Maya-Hütte stellt die Verbindung zum Alltag der Landbevölkerung her. Öffnungszeiten: 6–18 Uhr; Umkleideräume, Verleih von Schnorchel-/Tauchausrüstung, Restaurant, Snackbar.

****Tauchreviere**

Die größte Attraktion sind die Tauchreviere, die es allein an Cozumels Südwestküste auf 30 km Länge bringen. Das klare warme Wasser mit Sichtweiten bis 70 m ist für den Unterwassersport ideal. Rund 40 Tauchshops bieten den Interessierten alles – von der Ausrüstung über den Bootstrip bis zum Zertifikat. Viele Hotels sind speziell auf Taucher eingestellt (Verleih von Equipment etc.). Den eingeschworenen Landratten ermöglichen die Glasbodenboote einen Blick auf das bunte und vielfältige Leben der Tiefe.

Das **Palancar-Riff** ist das bekannteste und spektakulärste mit Höhlen und Tunnels und bis zu 25 m hohen Korallensäulen. Profis schwärmen von der vertikalen **Santa Rosa Wall.** Auch das **Maracaibo-Riff** vor der Südküste ist erfahrenen Tauchern vorbehalten.

Seite 60

Tipp **Dive Palancar,** an der Playa Palancar und im Zentrum, Av. 5, zw. Calle 3 und 5 Sur, Tel. 8 72 34 43. Tauchzentrum mit Verleih der notwendigen Ausrüstung.

Vor dem Hotel Ceiba lässt sich in geringer Tiefe ein Flugzeugwrack ausmachen, das für einen Abenteuerfilm versenkt wurde. In **Chankanaab** ist eine Figur der Madonna von Guadalupe unter Wasser ein beliebtes Fotomotiv.

***Isla Mujeres**

Isla-Mujeres-Stadt
In dem Städtchen finden sich – vor allem entlang der Straßen Benito Juárez und Hidalgo parallel zum lebhaften Pier – Souvenir-, Schmuck- und Kunsthandwerksgeschäfte, Bars, Restaurants, Cafés und einfache Hotels.

Ein modernes Kirchlein versteckt sich unter den schattigen Bäumen an der **Plaza Central.** Dahinter öffnet sich der raue Atlantik. Die Küste an der Ostseite ist zum Baden nicht geeignet. Der schönste »Stadtstrand« ist **Playa los Cocos** (oder **del Norte**).

Inselerkundung
Auch die Strände an der Südwestküste werden zunehmend beliebter. Entsprechend steigt dort die Zahl der Hotels, Ferienwohnungen und Freizeiteinrichtungen. Der Jachthafen wird zum exklusiven Refugium.

Ausflugsschiffe aus Cancún haben ihre eigenen Zentren: ein Piratendorf mit Delfinschwimmen für die einen und einen Vergnügungspark mit Wasserrutschen für die anderen.

An der **Playa Lancheros** befindet sich eine Schildkrötenaufzucht *(tortugranja)*. Öffnungszeiten: tgl. 9–17 Uhr.

Zur Inselerkundung eignen sich Fahrrad, Moped oder ein Golf-Cart. Viel zu sehen gibt es entlang der Rundstraße allerdings nicht. Die Überreste der **Hacienda Mundaca** sind eher bescheiden.

Der **Parque Nacional El Garrafón** wurde zu einem touristischen Freizeitpark ausgebaut. Der Strand von Garrafón gilt noch immer als einer der schönsten, doch dem Riff hat der Tourismus den Garaus gemacht. Fantastische Schnorchelregionen liegen noch bei Farito, Punta Norte und Machones. Auch Tauchgänge werden angeboten.

Eine Fraueninsel?

Als der spanische Eroberer Hernández de Córdoba die Insel entdeckte, fand seine Expedition zwischen Ruinen eine Vielzahl kleiner Tonfiguren in Frauengestalt – daher Isla Mujeres, »Fraueninsel«. Eine andere Version kennen die Anhänger der »Sprechenden Kreuze« (s. S. 16): Alle erstgeborenen Mädchen, die in einer Vollmondnacht zur Welt kamen, wurden der Göttin Ixchel geweiht und auf der Insel erzogen, bis sie 15 waren. Dann wurden sie der Göttin von Chichén Itzá geopfert.

Fährverbindungen: (Auto-)Fähre ab/bis Punto Sam (nördl. Cancún), Personenfähre ab Pto. Juárez. Ausflugsboote ab/bis Cancún.

Aqualodge, Urlaub auf dem Hausboot mit eigenem Bootsmann, der die Gäste bekocht und zu einsamen Badebuchten schippert. Bis zu sechs Personen haben Platz in diesem originell-luxuriösen, schwimmenden Ökohotel. Zu buchen bei Colón Tours, Tel. (9) 8 84 18 98, Fax 8 87 12 83. ○○○

■ **Na Balam,** Zazil-ha 118, Playa Norte, Tel. (9) 8 77 02 79, Fax 8 77 04 46. Schöne Anlage unter Palmen am Strand. Große Zimmer mit Balkon, gutes Restaurant (traditionelle Gerichte, Fisch, Gesundheitskost); Yogakurse. ○○○

■ **Casa Maya,** Zazil-ha 129, Playa Norte, Tel./Fax 8 77 00 45. Rustikal und freundlich, direkt am Strand. ○○

Sombrero de Gomar, Av. Juárez/Madero. Fischgerichte; hübsche Terrasse im ersten Stock, auch Verleih von Golfcarts und Motorrollern. ○○

■ Das **Cafécito,** Matamoros 42, ist ein beliebter Treffpunkt, nicht nur bei Vegetariern. ○

Geheimtipp!

Isla Holbox (1500 Einw.): An den nördlichsten Rand Yucatáns, da, wo der Golf von Mexiko auf die Karibische See trifft, schmiegt sich die von den Touristenströmen noch unentdeckte Insel: 35 km lang, 2 km breit, nur 20 Minuten Überfahrt ab Chiquilá. Sie ist bewohnt von Fischerfamilien und Dutzenden von (Wasser-) Vogelarten. Ein rustikal-komfortables Hotel bietet Naturfreunden und Einsamkeit Suchenden ein kleines Paradies: **Villas Delfines,** luftige Bungalows im karibischen Stil. Zu buchen über: Uniterra Travel, Cancún, Tel. (9) 8 84 86 06, Fax 8 84 63 42; inklusive Halbpension. ○○○

Seite 60

Seite
60

1

Tour 1

Schönste Karibik: die Riviera Maya

**Cancún → *Playa del Carmen → *Xcaret → Puerto Aventuras → Akumal → *Parque Natural Xel-Ha → **Tulum → *Cobá (172 km)

Der Erfolg von Cancún machte die Tourismusplaner süchtig. Der ganze Küstenstreifen zwischen dem Badeort vom Reißbrett und der uralten Maya-Stadt Tulum sowie darüber hinaus bis zum Biosphärenreservat Sian Ka'an erfüllt schließlich mit seinen endlosen Stränden und unberührten Buchten den Traum von »Karibik pur«. Die Entwicklung schreitet voran und der einst nüchterne Corredor Turístico mauserte sich zur eleganten und zunehmend populären Riviera Maya.

Die Mex 307, bis Tulum vierspurig ausgebaut, verläuft parallel zur Küste, gibt aber nie den Blick aufs Meer frei. Stichstraßen bzw. Sandpisten (2 bis 5 km) führen zu kleinen Orten oder Hotelanlagen, wo sich angenehmer Strandurlaub mit einer Vielzahl von Aktivitäten verbinden lässt. Die Touretappen sind zudem ideal für (mehrere) Tagesausflüge ab Cancún.

Von Puerto Morelos nach Punta Bete

Der Ausbauwut widerstanden hat bislang **Puerto Morelos,** 36 km. Der Fischerort, von dem die Autofähre (nicht zu empfehlen) nach Cozumel ablegt, hat preiswerte Unterkünfte.

Palapas – die Übernachtung mit Frischluftgarantie

In den offenen Restaurants entlang der Uferstraße wird der frische Fang serviert, so z. B. im beliebten **Pelícanos.** ○

Ruhige Strände schließen sich an, und 600 m vor der Küste liegt ein wunderschönes Korallenriff.
    An der Mex 307 lädt der **Jardín Botánico Dr. Alfredo Barrera Marín** zu einem Dschungelspaziergang ein.

Alle Resorts ○○○, Tel.-Vorwahl: 9. An der **Punta Maroma** versteckt sich das gleichnamige exklusive Hotel, Tel. 8 74 47 29.
Auch **Capitán Lafitte** (Tel. 8 73 02 14, Fax 8 73 02 12) und die beschaulichen Bungalowanlagen **Shangri-La** (Tel. 8 73 06 11) und **Las Palapas** (Tel. 8 73 06 16, Fax 8 73 04 58), nahe Playa del Carmen, haben sich schöne Strandabschnitte gesichert.

Campingplatz: Punta Bete ist mit einfachen Restaurants, Cabañas und Campingmöglichkeiten am Wochenende bei Mexikanern beliebt.

1

Seite 60

*Playa del Carmen

Der einst idyllische Fischerort, 68 km, hat sich längst zum lebhaften Badeort gemausert, an dessen traumhaft weißen, von jungen Palmen gesäumten Stränden es voll werden kann, wenn die Kreuzfahrer für Stunden den Ort überschwemmen. »Playa« ist groß, schick und teuer geworden. Mindestens 50 kleinere Hotels gibt es bereits, und trotz hoher Preise sind sie häufig ausgebucht. Der Bauboom hält an.

Klein und überschaubar blieb das Zentrum. Die **Plaza Central** ist Treff der Einheimischen.

Touristen flanieren in der **Avenida 5,** die parallel zum Strand verläuft. In dieser Fußgängerzone stellen Cafés und Bars ihre Stühle auf die Straße, Reiseagenturen preisen Ausflüge an, zahlreiche Lädchen verkaufen neben dem üblichen Schnickschnack geschmackvolles Kunsthandwerk und hübsche Kleidung. Schon tagsüber herrscht hier und in den Strandkneipen Partystimmung.

TOUREN 1 UND 2

0   25 km

Auch Playa hat seine Maya-Ruine. Sie liegt auf dem Gelände der einfachen Pension **La Ruina** (auch **Campingplatz,** Hängematten), und ein Besuch bleibt deren Gästen vorbehalten. Tel. (9) 8 73 04 05.

Südlich des Ortes bekam Playa mondänen Zuwachs. **Playacar** ist exklusives Terrain mit Luxushotel, All-inclusive-Resorts und Privatvillen. Attraktionen sind ein 18-Loch-Golfplatz und der Vogelpark **Aviario Xaman Ha** mit Papageien, Tukanen und anderen vom Aussterben bedrohten Vögeln.

 Nähere Informationen zu den einzelnen Hotels sind bei der **Playa del Carmen Hotel Association,** Tel./Fax (9) 8 73 06 46, erhältlich.
■ **Beach Palace, Moon Palace, Reef Palace ...** eine ganze Reihe von »Palast-Hotels« säumt die Riviera Maya (inkl. Cancún). Die luxuriösen Häuser bieten »alles inklusive«. Zu buchen in Deutschland (Frankfurt/M.): Palace Resorts, Tel. 0 69/30 85 40 80, Fax 30 85 40 82.
■ **Continental Plaza,** am Strand neben der Fähre, Tel. 8 73 01 00, Fax 8 73 01 05. Komfortable Zimmer mit Balkon. ○○○
■ **El Faro,** Calle 10 Norte, Tel. 8 73 09 70. Luxuriöse kleine Anlage direkt am Strand. ○○○
■ **Jungla Caribe Hotel,** Av. 5, Tel. 8 73 06 50. Kolonialstil, Garten mit Pool. ○○
■ **Posada Sian Ka'an,** Tel. 8 73 02 02, Fax 8 73 02 04. Einfach, teils Gemeinschaftsbad, Garten; strandnah. ○○
■ **Cabañas Banana,** Tel. 8 73 00 36. Nette Bungalows mit Garten, ein Block vom Strand. ○○

 Blue Lobster, Av. 5, zwischen Calle 4 y 6. Gutes Fischrestaurant. ○○–○○○

■ **La Tarraya,** Calle 2 Norte. Einfaches, beliebtes Fischrestaurant, direkt am Strand. Große Portionen, kleine Preise. Schließt bereits um 21 Uhr. ○○
■ **Limones,** Av. 5, zw. Calle 6 y 8. Yucatecische Spezialitäten und flambierte Gerichte im kühlen Ambiente eines ehemaligen Cenote. ○○

 Blue Parrot Inn. Traditioneller Treffpunkt direkt am Strand: Bar mit Livemusik, Restaurant, auch Cabañas. ○○○
Ansonsten spielt sich das Nachtleben an der **Avenida 5** ab.

Tipp **Sky Dive** – 45 Sekunden im freien Fall aus rund 3000 Meter Höhe, bevor sich der Fallschirm öffnet und man langsam zur Erde schwebt: Für viele ist dieser Sport das optimale Erlebnis. Das Gute dabei: Der Fallschirmlehrer fliegt mit beim Tandemsprung aus allen Wolken und sorgt für sichere Landung. Pl. Marina local 32, Playa del Carmen, Tel. (9) 8 73 01 92; Internet: www.skydive.com.mx.

*Xcaret

Einen ganzen Ausflugstag kann man sich in Xcaret, 73 km, tummeln und hat am Ende längst nicht alle Attraktionen erlebt. Der Freizeitpark war zunächst höchst umstritten, wurde hier doch eine Idylle aus dem Dornröschenschlaf geweckt und massenwirksam vermarktet. Mittlerweile scheint die Balance gefunden zu sein: Der kommerzielle Erfolg kommt der Naturerhaltung zugute. Mit 1200 Beschäftigten gehört Xcaret zudem zu den größten Arbeitgebern in Quintana Roo.
 Die Mehrzahl der über eine halbe Million Besucher im Jahr hat nur ein Ziel: den **unterirdischen Fluss.** 500 m lang (mehrere Ausstiege zwischen-

Seite 60

Seite 60

Badevergnügen verspricht Xcaret

*Überall an der Küste zu Hause:
die Pelikane*

durch) kann man sich im glasklaren Wasser von der sanften Strömung dieses Cenote-Systems treiben lassen durch Höhlen und Gänge, die ausreichend Tageslicht erhalten.

Danach lockt weißer Sand an einer familienfreundlichen Bucht, oder würden Sie lieber schnorcheln, mit Delfinen schwimmen (teuer), in einer Hängematte schaukeln – oder den **ökoarchäologischen Park** erkunden? In Freigehegen gaukeln Schmetterlinge umher, tummeln sich Affen, Frettchen, Flamingos und *guacamayas* (Hellrote Aras) neben anderen Exoten. Das Jaguarpärchen Chac und Mool räkelt sich nur faul im Schatten.

Interessant ist eine Mine, in der die Maya einst *sascab* abbauten, eine zementähnliche weiße Erde, unentbehrlich für den Bau von Tempeln und »weißen Straßen« *(sacbéob).*

Durch die Höhlen führt ein Weg in ein nachgebautes **präspanisches Dorf,** das abends durch eine fantasievolle Show belebt wird und Maya-Künstlern die Möglichkeit gibt, ihre Schnitz-, Web- und Lederarbeiten zu verkaufen. Öffnungszeiten: April–Okt. Mo–Sa 8.30–22, So bis 18 Uhr, Nov. bis März Mo–Sa 8.30–21, So bis 18 Uhr. Tel. 8 83 31 43, 8 83 31 44. Eintritt: 39 US$, Kinderermäßigung.

Diverse Restaurants mit sehr guter mexikanischer Küche und Fischspezialitäten. ○○

Von Puerto Aventuras nach Xcacel

Puerto Aventuras, 98 km, wurde künstlich angelegt für Jachturlauber, die geschützt ankern wollen und für ein paar Tage eine Wohnung beziehen: ein mexikanisches St-Tropez, nur längst nicht so lebhaft. Sehenswert ist das **Museum CEDAM.** Der Club de Exploraciones y Deportes Acuaticos de México zeigt, was Taucher in mexikanischen Gewässern gehoben haben, von präspanischen Keramiken über Piratengeschosse bis zum Silberbesteck von Nobelschiffen. Öffnungszeiten: Di–So 10–13, 14–18 Uhr.

An der weit geschwungenen Bucht Xpu-Ha wurde im Norden der **Ecopark Xpu-Ha** eröffnet, der sportliche Aktivitäten und Freizeitspaß ebenso wie Speisen und Getränke all inclusive bereit hält (s. S. 11).

Am südlichen Ende hat sich der **Robinson Club** zwischen Meer und Lagunen ausgebreitet. Exotische Vögel sind regelmäßige Besucher in den Gartenanlagen. Das großzügige Resort im Hacienda-Stil bietet (fast) »alles inklusive« mit Sport- und Spielprogramm und einer exquisiten Küche mit üppigen Buffets. Zimmerbuchung vorab empfohlen; Kurzzeit-gäste willkommen. Tel. (9) 8 85 00 20, Fax 8 81 10 04. ○○○

Zum Ausflugsprogamm »Robinsonaden« gehört eine Abenteuertour in eines der längsten mit Wasser gefüllten Höhlensysteme der Welt: **Nohoch Nah Chich.** Das »große Vogelhaus« wurde 1987 entdeckt und lässt sich bisher über rund 20 km verfolgen. Die Eingangshöhle eignet sich auch für Tauch- und Schnorchelanfänger (nur mit Führung).

An der lang gestreckten feinsandigen und flachen Bucht von **Akumal** haben sich mehrere Hotels, Villen und Klubanlagen angesiedelt, die ihren Gästen die besten Voraussetzungen zum Schnorcheln, Tauchen und Windsurfen bieten.

Paamul, Kantenah, Chemuyil, Xcacel (Schildkrötenbrutplatz) sind traumhafte Strände, teils mit einfachen Restaurants und Hotels, Cabañas und Campingmöglichkeiten (z. T. Bauplatz für große Hotelanlagen; Mückenschutz unerlässlich!).

*Parque Natural Xel-Ha

Die Betreiber von Xcaret haben auch den Naturpark, 122 km, gepachtet und »das größte natürliche Aquarium der Welt« mit seinen Meeresarmen und Süßwasserlagunen um weitere Attraktionen ergänzt.

Ein sorgfältig angelegter Dschungelpfad (und ein Bähnchen) folgen einem Fluss bis zur Quelle in einem Cenote: *Xel-Ha* bedeutet »wo das Wasser geboren wird«. Unterwegs sieht man Vögel, Schmetterlinge und Leguane, streift kleine Maya-Bauten, hat fantastische Ausblicke auf das türkisblaue Wasser, und schließlich können Sie sich in einem Reifen zur

Schnorchellagune zurücktreiben lassen, um dort mit den Fischen zu schwimmen. Öffnungszeiten: tgl. 9 bis 18 Uhr. Mehrere Restaurants, Snackbars, Geschäfte (s. S. 10).

Die bedeutenden, dennoch kleinen Ruinen der Maya-Hafenstadt Xel-Ha liegen auf der Landseite der Mex 307.

Seite 60

**Tulum

Die Ausgrabungsstätte (132 km) ist einzigartig wegen ihrer grandiosen Lage auf den Klippen über der smaragdgrünen Karibik (Parkplatz an der Hauptstraße). Die windschiefen niedrigen Bauten aus der Postklassik (12. bis 16. Jh.) wirken bescheiden, haben aber faszinierende Details.

Mit Stuckreliefs, Masken und Säulen am auffälligsten verziert ist der mehrmals überbaute **Templo de los Frescos** (Estructura 16).

Der »herabstürzende Gott«, der **dios descendente,** schmückt nahezu alle Gebäude in Tulum. Häufig wird er als Bienengott bezeichnet, er könnte aber auch den Maisgott repräsentieren. An der **Casa del Halach Uinic,** dem »Haus des Großen Herrn« (Estructura 25), ist die Figur besonders gut erhalten.

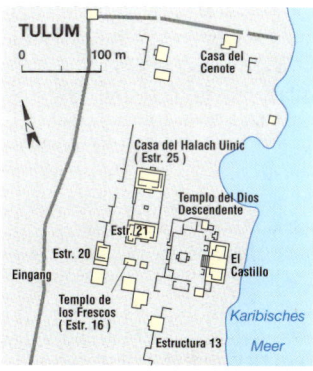

Seite 63

Das Fresko im Castillo, dem Haupt-
tempel von Tulum, stellt die
Adlergottheit dar

Ein Bewohner von Sian Ka'an

Im **Castillo,** dem zentralen Bau auf
der höchsten Erhebung mit zwei
Schlangen-(Kukulcán-)Skulpturen als
Säulen, brannte vermutlich ein
Leuchtfeuer. Direkt zu Füßen der Stadt
verlockt der ***Strand** zum Baden.

Die Umgebung von Tulum

Tipp In der Nähe von Tulum gibt es
zahlreiche **Cenotes,** die gegen
kleine Eintrittsgebühr zum Schwimmen einladen: Die populärsten sind
Cenote Calavera, Actun Há oder Car
Wash und der Gran Cenote.

Eine Straße führt an den Ruinen vorbei zu zahlreichen, aber nicht allzu
preiswerten Unterkünften und weiter
als Sandpiste bis **Boca Paila** im Biosphärenreservat ****Sian Ka'an.** Die
Amigos de Sian Ka'an organisieren
hier Bootstouren (s. S. 65), inzwischen auch viele Agenturen.

Die ersten **Cabañas-Anlagen**
südlich von Tulum haben einfache Hütten mit Sandboden und
Gemeinschaftsbädern. ○–○○
Komfortabler werden die Anlagen
hinter der Kreuzung mit der Straße
nach Tulum Pueblo, z. B. **Cabañas
Zama,** Tel. (9) 8 71 20 91, **Cabañas Los
Arrecifes** und die populäre Anlage
von **Ana y José,** Tel. (9) 8 71 20 04.

*Cobá

In einer der ausgedehntesten Maya-
Städte (70 km²; 42 km) sind nur wenige weit auseinander liegende Bau-
gruppen freigelegt. Der Spaziergang
im schwülheißen Buschwald und die
Begegnung mit zahlreichen Vogelarten und Echsen sind Teil des Entde-
ckererlebnisses. Cobá verfügte über
ein großes Netz von *sacbéob*.

Eines der wichtigsten Ensembles,
Grupo Cobá, liegt nahe dem Eingang.
Der **Iglesia** (»Kirche«) genannte Tempel auf einer 24 m hohen Pyramide
wird noch immer mit Opfergaben bedacht, um etwa eine gute Ernte zu er-
bitten. Daneben wurde ein Ballspielplatz restauriert.

Etwas weiter entfernt, rechts abseits des Hauptweges, zeigen kleine
Bauten Farbreste der ursprünglichen
Bemalung **(Grupo de Pinturas).** Ein
Palmdach schützt davor Stele 26, die
eine reich geschmückte Herrscher-
figur erkennen lässt.

Stärker verwittert ist Stele 20 am
Fuß der **Nohoch-Mul-Gruppe.** Auf ei-
ner Lichtung erhebt sich dieser »hohe
Hügel«, mit 42 m eine der höchsten
Pyramiden Yucatáns (nur noch über-

ragt von den Zwillingstürmen in Calakmul). Von oben, nach dem Aufstieg über 120 Stufen, hat man eine grandiose Sicht über das weite grüne Meer der nahezu geschlossenen Vegetation mit den dazwischen wie hingetupft wirkenden blaugrünen Seen.

Villa Arqueológica Cobá,
Tel. (9) 8 74 20 87. Club-Med-Stil, mit hübschem Innenhof und Pool. Renovierte Zimmer. Französische Küche. ○○

Einfache Restaurants mit Hausmannskost an der Zufahrt zum Hotel. ○

Punta Laguna

1
Seite 60

Die Gemeinde hat mit Hilfe der Organisation *Pro Natura* ein Stück Primärwald unter Schutz gestellt. Kinder führen stolz durch den dichten Wald, in dessen Bäumen eine der letzten Kolonien von Yucatáns Klammeraffen herumhangelt. Außerdem verkaufen die Bewohner geschnitzte und bemalte Tierfiguren aus einem federleichten Holz, z. B. Jaguare und Vögel.

Von Cobá führt heute eine Verbindungsstraße über Chemax nach Valladolid; von dort hat man Anschluss an Tour 2 in Richtung Chichén Itzá/ Mérida.

Naturparadies **Sian Ka'an

»Wo der Himmel geboren wird«, nannten die Maya die Karibikküste. Der Name gilt heute dem einzigartigen Biosphärenreservat Sian Ka'an. Vom Korallenriff über Dünen, Mangrovensümpfe und Waldinseln bis zu Palmensavannen reichen die Vegetationszonen auf den 5000 km², die Lebensraum für unterschiedlichste Tiere bieten.

Vier Arten Meeresschildkröten kommen an die Küste zur Eiablage. In den Gewässern tummeln sich Krokodile und Kaimane sowie die seltenen Seekühe *(manatíes)*. Fregattvögel, Kormorane, Flamingos und der *jabirú* (Storch) vertreten eindrucksvoll die Vogelwelt (350 Arten). Die Wälder durchstreifen Tapir, Jaguar, Puma und Weißwedelhirsch. Auffallend groß sind die Populationen der Fledermäuse und Schmetterlinge. Eine Bestandsaufnahme aller Arten gehört zum Schutzprojekt der *Amigos de*

Sian Ka'an, in das die Bevölkerung (ca. 1000 Personen), z. B. durch Erproben umweltverträglicher Anbaumethoden, einbezogen ist.

Wer mit den *Amigos* ab Boca Paila oder bei Muyil/Chunyaxché das Reservat besucht, wird einen faszinierenden Ausschnitt kennen lernen. Tel. (9) 84 95 83.

Die Bootsfahrt geht über Lagunen und durch Kanäle, die vor 1000 Jahren von den Maya angelegt wurden, bis zum Fischerdorf **Boca Paila,** das von der Hummerzucht lebt. Die rustikale Anglerlodge serviert hervorragende Fischgerichte. Zimmer ○○○, Essen ○○

Als Alternative kann man sich ein Fischerboot in Boca Paila mieten. Darüber hinaus veranstaltet der Robinson Club Nachttouren. Andere Touren starten bei Ana y José südlich von Tulum.

Tour 2

2

Seite
67

Flamingos, Götter, »grünes Gold«

****Cancún → *Valladolid (→ *Ek Ba-
lam → Río Lagartos) → ***Chichén
Itzá → *Izamal → *Mérida (350 km)**

Chichén Itzá, die größte erhaltene
und aufwändigst restaurierte Maya-
Stätte Mexikos darf auf keiner Yuca-
tán-Reise fehlen. Nicht umsonst steht
sie im Ausflugsprogramm der Badeorte ganz oben. Auch auf der Strecke
von Cancún bis Chichén – und darüber hinaus bis Mérida – gibt es so
manch lohnenden Abstecher und
attraktive Zwischenstation, z. B. bei
den Flamingokolonien von Río Lagartos. So kann die 350 km lange Fahrt
leicht drei oder vier Tage dauern.

Der schnellste Weg von Cancún nach
Chichén Itzá führt über die Autobahn,
die wegen der relativ hohen Gebüh-
ren kaum befahren wird. Die alte Straße
Mex 180 verläuft nahezu parallel, zieht
sich durch typische Straßendörfer und
macht mit der mexikanischen Eigen-
heit der *topes* bekannt. Diese künstli-
chen Bodenwellen sollen die Autofahrer zwingen, das Tempo zu drosseln.
Sie haben sich zudem zu populären
»Einkaufszentren« entwickelt. Meist
sind es Kinder, die dort auf die Autos zustürmen und Früchte, Getränke
oder Artesanía anbieten.

*Valladolid

Das lebhafte Provinzstädtchen (rund
80 000 Einw.), 180 km, ist ein wichtiger landwirtschaftlicher Umschlag-

*Schöne Stickereien und Taschen
bekommt man in Valladolid*

platz mit Zeugnissen der kolonialen
Vergangenheit. Zwei Jahre brauchten
die Spanier, bis sie das Maya-Zeremo-
nialzentrum Zaci erobert hatten und
auf dessen Grundmauern 1544 die
Stadt nach dem Vorbild des spanischen Valladolid errichteten. Drei Jahre danach begannen sie mit dem Bau
des Franziskanerklosters **San Bernar-
dino de Siena.** Wie eine Festung domi-
nieren Kirche, Kloster und Offene Kapelle den weiten Platz davor.

Die **Parroquia San Servasio** (18. Jh.)
überragt mit ihren Türmen die Plaza
Principal, die tagsüber zum **Artesanía-
Markt** wird. Im **Palacio Municipal** stel-
len die Wandgemälde von Manuel
Lizama Salazar (s. S. 25) Stationen der
Geschichte von Valladolid dar.

Beim **Cenote Zaci** mitten im Ort serviert das gleichnamige Restaurant
yucatekische Küche – und, für ein paar
Pesos, sorgen Jugendliche für Nervenkitzel, wenn sie sich kopfüber in das
tief unten liegende Nass stürzen.

Dunkelheit umgibt den **Cenote X-
Keken/Dzitnup** (4 km in Richtung Chi-
chén). Aber mittags beleuchtet die
Sonne durch ein Loch die Höhle.

Tipp Stadtrundfahrten beginnen tgl.
um 8 und 18 Uhr an der San-Ser-
vasio-Kirche.

🏠 **El Mesón del Marqués,** Calle 39, No. 203 (Plaza Principal), Tel. (9) 8 56 30 42, Fax 8 56 22 80. Komfortable Zimmer in Kolonialgebäude mit Patio und Pool. Ausgezeichnetes Essen (regionale Spezialitäten), gute Weinauswahl. ○
Maria de la Luz, Calle 42 No. 193 (Pl. Principal), Tel./Fax 8 56 20 71. Solide, mit kleinem Pool und Restaurant. ○

🍴 An kleinen Ständen kann man im **Bazaar Municipal** preiswert und *muy típico* essen.

Zum *Parque Natural Río Lagartos

Für den Abstecher (100 km) muss man 1 Tag einplanen. Von der Mex 295, die zwischen Mais- und Baumwollfeldern der Küste zustrebt, zweigt nach 14 km eine schmale Straße nach *Ek Balam, 14 km, ab. Der »Stern des Jaguar« war seinen monumentalen Bauten nach zu urteilen in der Spätklassik (700–1000) ein wichtiges Zentrum und kontrollierte den Handel zwischen der Küste und Cobá. Mehrere *sacbéob* treffen sich auf der von einer doppelten Ringmauer umgebenen Plaza Central. Noch sind die Archäologen eifrig bei der Arbeit. Eindrucksvoll präsentieren sich die strahlend hellen Paläste mit ihren abgerundeten Ecken. Erst kürzlich wurde ein 30 m hoher Palast neu aufgebaut und dabei ein fantastisches Stuckrelief entdeckt.

Das ruhige Kolonialstädtchen **Tizimín,** 50 km, gerät nur einmal im Jahr aus dem Häuschen, wenn in der ersten Januarwoche das Fest der Hl. Drei Könige begangen wird.

Das verschlafene Fischerdorf **Río Lagartos,** 100 km, eignet sich als Startpunkt für eine *Flamingotour. 1988 hat Hurrikan Gilbert den Lebensraum der Vögel, die sich in der Lagune zu Tausenden versammelten, empfindlich gestört. Viele bevorzugen seither andere Nistplätze. Doch in kleineren Kolonien sind *los flamencos* hier immer anzutreffen. Über 200 Vogelarten wurden im Schutzgebiet *Parque Natural Río Lagartos registriert.

2

Seite 67

67

Chac Mool, der Liebling der Touristen, blickt hinüber zur Kukulcán-Pyramide

Auf einer Bootsfahrt (ca. 350 Pesos) durch die Lagune zu sehen sind weiße und graue *garzas* (Reiher), Kormorane und Pelikane. In der amphibischen Landschaft leben auch Kaimane und Schildkröten.

Tipp 5 km vor Chichén Itzá liegen rechts der Straße die ***Höhlen von Balamkanché.** Sie waren lange als Naturphänomen bekannt, ehe 1959 hinter einer gemauerten Wand ein Maya-Heiligtum (300 v. Chr. bis 1200 n. Chr.) mit Opfergaben für den (toltekischen) Regengott Tlaloc entdeckt wurde. Gefäße, Urnen und *metates* (Reibsteine) in vielen Größen blieben am Fundort. Öffnungszeiten: 9–16 Uhr, stündliche Führung (9, 12, 14, 16 Uhr Spanisch, 11, 13, 15 Uhr Englisch).

***Chichén Itzá

Ein gigantischer Bau (Museum, Buch- und Souvenirladen, Restaurant, Toiletten, Gepäckaufbewahrung, Artesanía-Markt) hinter dem Parkplatz empfängt die Besucher, etwa 4000 täglich. Am schönsten und ruhigsten ist Chichén am frühen Vor- und späten Nachmittag, bei gemäßigten Temperaturen und ohne die zahllosen Besuchergruppen (tgl. 8–17.30 Uhr).

Tipp Für Chichén Itzá (200 km) sollte man sich viel Zeit lassen. Vier Stunden braucht man schon, um alle bedeutenden Bauten zu sehen. Darüber hinaus sollte noch Muße bleiben, die Atmosphäre auf sich wirken zu lassen. Denn Chichén Itzá, so gut erforscht die Stadt erscheinen mag, steckt noch voller Rätsel und Geheimnisse.

Vor allem die weit verbreitete Annahme, die Tolteken hätten Chichén Itzá im 10. Jh. erobert und der Maya-Stadt ihren architektonischen Stempel aufgedrückt, wird inzwischen wieder lebhaft diskutiert. Anzeichen für ein feindliches Eindringen gibt es nicht. Für die Forschergeneration um die amerikanische Maya-Expertin Linda Schele (1942–1998) steht fest: Die Erbauer von Chichén Itzá waren »echte Maya«. Doch »mit jedem Fund erscheinen die Grenzen zwischen Maya

2

Seite
69

und toltekisch weniger klar«, resümiert der verantwortliche Archäologe Peter Schmidt.

Chichén Itzá, die Stadt »am Rande des Wasserbrunnens«, wurde vermutlich zwischen 435 und 455 vom mythisch-historischen Stamm der Itzáes gegründet und rund 250 Jahre später wieder verlassen. Die Itzáes kehrten im 10. Jh. jedoch zurück, vielleicht im Gefolge des Gottkönigs Quetzalcoatl, den die Maya Kukulcán nannten.

Legenden, Überlieferung und Daten an Bauten – 867 ist nach Linda Schele die früheste belegte Jahreszahl –

stecken voller Widersprüche. Auffallend ist in Chichén Itzá, dass keine Stelen die Taten eines einzelnen Herrschers verherrlichen wie in Tikal oder Yaxchilán.

***Kukulcán-Pyramide

Der Weg vom Eingang führt direkt auf die Pyramide zu, die von den spanischen Eroberern wegen ihrer imposanten Größe **Castillo** (»Schloss«) genannt wurde. Auf einer quadratischen Basis von 55 m Seitenlänge ragt sie 24 m in die Höhe, darüber erhebt sich ein 6 m hoher Tempel.

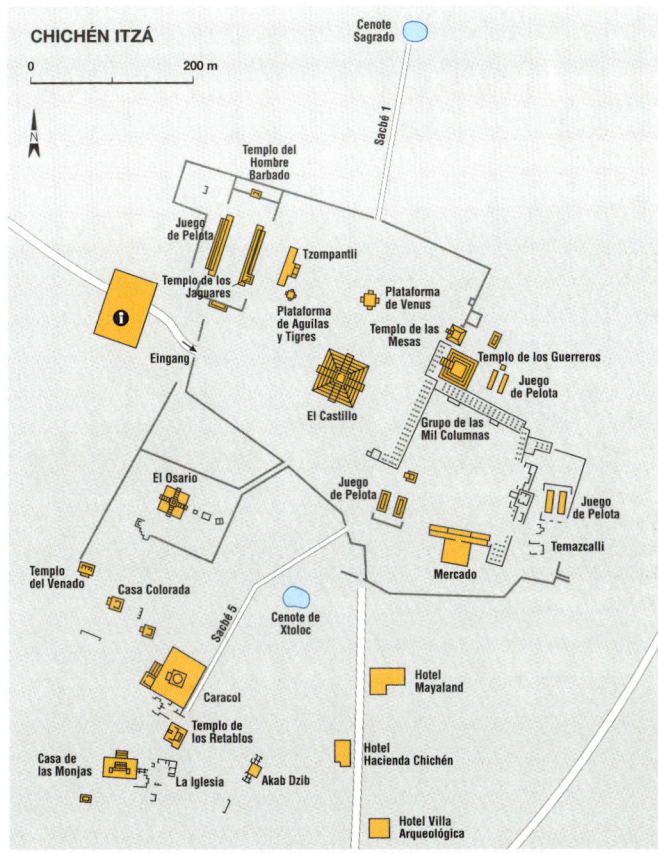

CHICHÉN ITZÁ

0   200 m

Cenote
Sagrado

Sacbé 1

Templo del
Hombre
Barbado

Juego
de Pelota

Tzompantli

Templo de los
Jaguares

Plataforma
de Venus

Plataforma
de Aguilas
y Tigres

Templo de las
Mesas

Eingang

Templo de los Guerreros

Juego
de Pelota

El Castillo

Grupo de las
Mil Columnas

El Osario

Juego
de Pelota

Juego
de Pelota

Templo
del Venado

Casa Colorada

Temazcalli

Mercado

Sacbé 5

Cenote de
Xtoloc

Caracol

Hotel
Mayaland

Templo de
los Retablos

Casa de
las Monjas

Hotel
Hacienda Chichén

La Iglesia

Akab Dzib

Hotel Villa
Arqueológica

2

Seite
69

An vier Seiten, den Haupthimmelsrichtungen, streben je 91 Stufen zur obersten Plattform der Kukulcán-Pyramide. Diese Treppen mitgerechnet, sind es zum Heiligtum 365 Stufen – entsprechend den Tagen des Sonnenjahres. Neun Plattformen gliedern den Bau; betrachtet man nur eine Seite, so finden sich dort (wg. der Gliederung durch die Treppenflucht) 18 Elemente, die für die 18 Monate des Maya-Kalenders stehen könnten.

An den Tagundnachtgleichen (*Equinoccios;* 21. 3. und 23. 9.) taucht die Sonne die Stufen in ein wechselvolles Licht, sodass es aussieht, als krieche eine Schlange die Pyramide hinab.

Im Innern der Pyramide wurde eine frühere Struktur freigelegt. Auf einer engen steilen Treppe (stickige Luft) kann man zu einer rot bemalten **Jaguarfigur** vordringen, deren Flecken im Fell aus Jadestücken bestehen. Öffnungszeiten: tgl. 11–15, 16–17 Uhr.

Experimente von Akustikern führten zu überraschenden Ergebnissen: Das Echo, hervorgerufen durch Händeklatschen, das von den Stufen der Kukulcán-Pyramide widerhallt, gleicht dem Ruf des Quetzal-Vogels, der den Maya heilig war. Das Echo als Stimme von Göttern oder Heiligen spielt in vielen Kulturen eine Rolle. Dass dies bei den Maya kein Zufall ist, davon sind die Akustiker überzeugt. Haben die Maya mit diesem steinernen Bau zur Bewahrung der heiligen Stimme die erste Tonaufnahme geschaffen?

Sehenswürdigkeiten im Norden
Mit 146 m Länge und 36 m Breite ist der ***Ballspielplatz** der größte der Mundo Maya (13 *juegos de pelota* wurden in Chichén entdeckt). Die Be-

El Caracol und die alles überragende Kukulcán-Pyramide in Chichén Itzá

grenzungen unter den Ringen schmücken Reliefs, die als Opferszene nach dem Ballspiel interpretiert werden.

Im Norden schließt das Areal der **Templo del Hombre Barbado** ab: Zwischen den roten Farbresten an der Rückwand ist eine Figur mit Bart zu erkennen. An der Ostseite erhebt sich wie eine gewaltige Tribüne der **Templo de los Jaguares,** dessen Eingang von Schlangenskulpturen gestützt wird. Leider darf der Tempel oben ebenso wenig betreten werden wie der untere Vorraum, der sich zum großen Platz öffnet. Zu viele Besucher hatten sich nicht davon abhalten lassen, Reliefs und Jaguarthron zu berühren.

Auch der eindrucksvolle **Templo de los Guerreros** (»Tempel der Krieger«) mit seinem viel fotografierten Chac Mool, den Altarplatten stemmenden Atlanten und den grandiosen Schlangenskulpturen kann nur noch aus der Ferne bewundert werden.

Dazwischen erinnern an der Nordseite der Anlage kleinere Bauten an toltekische Opferriten: **Tzompantli** mit steinernen Totenschädeln, **Plataforma de Aguilas y Tigres** und **Plataforma de Venus,** auch Tumba de Chac Mool genannt.

Sacbé 1 führt schnurgerade zum **Cenote sagrado,** vorbei an einer Mauer, die einst die Stadt umschloss. 30 *sacbéob* wurden in Chichén identifiziert und teilweise restauriert. Rätselhaft bleibt der fast kreisrunde Opferbrunnen mit seinen steil abfallenden Wänden. Anfang des 20. Jhs. wurden neben kostbaren Opfergaben auch menschliche Skelette gehoben. Wer und warum und ob überhaupt geopfert wurde, ist weiterhin umstritten; hierüber kursieren Legenden oder Horrorstorys. Am populärsten ist die Geschichte von den Jungfrauen, die sich freiwillig hinunterstürzten – in die Arme Chacs, der mit Regen dankte.

Neben dem Tempel der Krieger wurde der **Templo de las Mesas** (»Tempel der Tische«) freigelegt.

Umfasste die »Gruppe der 1000 Säulen« lange etwa 240 Steinskulpturen, die alle Kriegerfiguren darstellten, so dürften die bewaffneten und gut geschützten Krieger inzwischen nahezu vollständig angetreten sein. Linda Schele interpretiert die **Grupo de Mil Columnas** als Beweis dafür, dass die Besiegten in die Gemeinschaft integriert wurden.

Neue Entdeckungen sind auch die zahlreichen Chac-Masken am Palast der **Columnas Esculpidas** (»skulptierte Säulen«). Zum Komplex gehört ein Dampfbad, ein noch überwachsener Ballspielplatz und der **Mercado.** Obwohl es keine Anhaltspunkte für die Funktion dieser lang gestreckten Säulenhalle mit Innenhof gibt, mag man sich das lebhafte Treiben auf einem Markt hier gut vorstellen.

Sehenswürdigkeiten im Süden

Eine der wichtigsten Arbeiten war die Restaurierung der **Tumba del Sacerdote** oder **Osario** (»Grab des Hohepriesters«/»Beinhaus«). Die Pyramide mit ihrer breiten Treppe und den Schlangenskulpturen sieht aus wie eine Vorstufe zur Kukulcán-Pyramide.

El Caracol (»Das Schneckenhaus«) diente mit seiner schneckenförmigen Kuppel vermutlich als Observatorium (nicht mehr zu betreten).

Iglesia (»Kirche«) und **Casa de las Monjas** (»Haus der Nonnen«) repräsentieren den Puuc-Stil.

Oft wird der südliche Gebäudekomplex als *Chichén Viejo* bezeichnet, weil die Bauten aus einer früheren Bauzeit (500 bis 900) stammen. Doch das wirklich alte Chichén liegt noch gut 1 km weiter im dichten Busch (derzeit ist das Gelände wegen Grabungsarbeiten gesperrt).

Tipp Der Besuch der **Licht- und Ton-Show** *(luz y sonido)* um 19 Uhr in spanischer Sprache ist im Eintrittspreis (75 Pesos) enthalten; Kopfhörer für die Übersetzung (auch in Deutsch) kann man für 25 Pesos mieten.

Mayaland, Tel. (9) 9 28 30 55, Fax 9 28 30 77; Reservierung: (9) 9 25 06 21. Große Zimmer im Haupthaus, luxuriöse Bungalows in tropischem Garten, ideal zur Vogelbeobachtung. Viele Reisegruppen. Nahe den Pyramiden. ○○○

▌**Hacienda Chichén,** Tel. (9) 8 51 00 45, Fax 9 24 50 11. 18 rustikal-komfortable Zimmer in alter Hacienda. ○○○

▌**Ik Kil,** 3 km Richtung Cancún. Der »blaue heilige Brunnen« *(cenote)* lädt zum Schwimmen, das gleichnamige Restaurant zum Essen und einige Bungalows zum Übernachten ein. ○○

▌3 km Richtung Cancún, gegenüber Ik Kil: **Dolores Alba,** Tel. (9) 9 28 56 50, Fax 9 28 31 63. Freundliches Haus, Pool; Fahrradverleih. ○

Nach *Izamal

Pisté hat sich mit Mittelklassehotels, einfachen Pensionen, Restaurants und Souvenirläden voll auf den Tourismus eingestellt. Bei Kantunil endet die gebührenpflichtige Autobahn und wird zur gut ausgebauten Landstraße.

Wer Zeit hat, kann hier nach Izamal (s. S. 73) abbiegen, wer auf dem schnellsten Weg nach Mérida will, sollte wenigstens am Rand von **Hoctún** einen Stopp an dem typischen Friedhof einlegen. Weil er so günstig neben der Straße liegt, hält jeder zweite Reisebus und die Anwohner haben hier eine neue Einkommensquelle entdeckt. Sie machen Musik und bieten Früchte an.

Weltarchitektur en miniature auf dem Friedhof von Hoctún

🍴 **Hacienda Katanchel,** Mex 180, km 25,5. Gourmetrestaurant (s. S. 32). ○○○

Noch vor Izamal ist ein gut erhaltenes Stück *sacbé* zu sehen: 12 m breit führte die weiße Straße rund 30 km weit bis nach Aké. Autofahrer heute nehmen die Route über Tekanto, Bokobá und Cacalchen, typische Maya-Dörfer mit großen Plätzen, trutzigen Kirchen und bunter Farbe an den Hauswänden.

Nach ***Izamal** (15 000 Einw.) zogen in präspanischer Zeit die Pilger. Sie huldigten der obersten Gottheit Itzamná, Herr der Weisheit, Heilkunst und Erfinder der Schrift. Bewusst wählten die Spanier diesen heiligen Ort, an dem vier Pyramiden standen, um mit der Missionierung zu beginnen. Diego de Landa (s. S. 75) ließ 1553 die Pyramiden schleifen und auf der Plattform der einen mit Steinen der anderen das erste und größte Kloster Yucatáns erbauen. Das Atrium (s. Abb. S. 25), von 75 Arkadenbögen umgeben, gilt als zweitgrößtes der Welt. Die Kirche beherbergt eine Statue der *Virgen de la Inmaculada Concepción,* die als Patronin Yucatáns verehrt wird.

Die freundliche Stadt mit ihren gelb getünchten Häusern lädt zu einem Bummel über die zwei hübschen Plätze und den kleinen Markt ein, oder

Die Spanier prägten Izamal

aber Sie steigen in eine der Pferdekutschen, um durch die schmalen Straßen zu fahren. Die restaurierte Pyramide Kinich Kakmó ist die an Volumen größte Yucatáns und kann bestiegen werden.

🍴 **Kinich Kakmó,** neben der Pyramide, serviert regionale Spezialitäten. ○

Aké

Aké ist aus zweierlei Gründen sehenswert. Teils freigelegt, teils überwachsen oder überbaut liegen hier die Überreste einer Maya-Stadt, überragt von der »Pyramide der (35) Pfeiler«, welche einst ein Dach trugen. Dazwischen breitet sich eine arbeitende Sisal-Hacienda aus (s. S. 17). Sie wirkt mit dem halb verfallenen Dach und den veralteten Maschinen wie ein Relikt der frühen Industriekultur.

🧶 **Tixkokob,** ein geschäftiger Ort, gilt als Zentrum der **Hängemattenproduktion.**

2

Seite **67**

Maya-Dörfer und spanische Klöster

***Mérida → *Acanceh → Tecoh
→ Mayapán → Mamá → Teabo
→ Oxkutzcab → Ticul (110 km)
→ ***Uxmal (128 km) bzw. *Mérida
(205 km)**

3

Seite
79

Nur wenige Kilometer außerhalb Méridas sind uralte Traditionen noch höchst lebendig. Eine ganze Kette von Maya-Dörfern, die zugleich ein wichtiges Kapitel Kolonialgeschichte erzählen, liegt aufgereiht an der schmalen Straße Yuc 18. Reiseveranstalter bieten Tagesausflüge auf dieser »Klosterroute« (Ruta de Conventos) ab Mérida an. Wer mit dem Mietwagen unterwegs ist, kann die Tour in Uxmal unterbrechen und mit der Puuc-Route (Tour 4) kombinieren. Kirchen und Klöster sind am ehesten frühmorgens und am Spätnachmittag zur Messe geöffnet. Doch auch ohne den Blick in das meist karg ausgestattete Gotteshaus lässt sich in den stillen Orten ein Eindruck gewinnen vom Alltagsleben der Maya heute.

Von Acanceh bis Telchquillo

In ***Acanceh,** 30 km, liegen die unterschiedlichen Kulturen dicht beieinander. An der Nordseite des Hauptplatzes erhebt sich Respekt heischend eine massive Pyramide, an der erst kürzlich fünf gigantische Masken entdeckt wurden. Nebenan duckt sich die kleine Kapelle der Jungfrau von Guadalupe, während es die Kirche *Nuestra Señora de la Natividad* mit ihren zwei

Schamane bei der Regenzeremonie

himmelstürmenden Türmen an der Ostseite mit der Maya-Kultstätte aufzunehmen versucht.

Ein paar Blocks vom Hauptplatz entfernt (fragen oder ein *Trici-Taxi* nehmen) erhebt sich, nun mitten im Wohngebiet, eine weitere Pyramide. Der »Palast der Stuckfriese« auf der Spitze zeigt gut erhaltene Reliefplatten mit fantasievollen Tierfiguren. Experten deuten die ungewöhnlichen Darstellungen als Arbeit von Künstlern aus Teotihuacán (Zentralmexiko).

In **Tecoh,** 38 km, dem »Ort des Puma«, erinnert der Hügel, auf dem Kirche und Kloster der *Virgen de la Asunción* (18. Jh.) errichtet wurden, an die Basis einer Maya-Pyramide. Frühe koloniale Bedeutung vermittelt der stattliche Palacio Municipal, aber der Hauptplatz wurde der Dorfjugend zum Fußballspielen überlassen.

Kurz hinter Tecoh biegt eine recht schmale und kurvenreiche Straße Richtung Osten ab, die bei Tekit (s. S. 76) auf die Yuc 18 zurückführt. Kleine Henequén-Felder wechseln mit wild wuchernder Vegetation und mit

Siedlungen, von denen man meint, sie seien in dem Moment von der Außenwelt vergessen worden, als die Hacendados ihre Ländereien verließen. Verfallen überragen beeindruckende Hacienda-Bauten die Hütten der Bewohner. Die Frauen holen wie eh und je das Wasser vom Brunnen und legen dabei einen Schwatz mit der Nachbarin ein. Männer tragen ein Jagdgewehr auf der Schulter oder eine Machete am Gürtel. Touristen werden als Rarität bestaunt und neugierig begrüßt – scheu kichernd von Mädchen und Frauen, johlend mutig von den größeren Jungs. In der Umgebung liegen zahlreiche Cenotes verborgen, Kinder zeigen gern den Weg und freuen sich über eine *propina*.

Einen *cenote* mitten im Ort besitzt **Telchaquillo.** Der Forscher John L. Stephens war bei seinem Besuch um 1840 fasziniert von den Frauen, die plötzlich wie vom Erdboden verschluckt waren, während gleichzeitig andere aus der Unterwelt emporstiegen. Der winzige Ort hat die vermutlich kleinste und einfachste Kirche an dieser Route, die gleichwohl mit bemerkenswerten Details aufwarten kann. Wer genau hinsieht, erkennt, dass zwischen dem Kreuz, das die Fenster bilden, Steine mit Maya-Motiven verbaut wurden. Stammen sie aus dem nahen Mayapán?

Mayapán

3

Seite 79

Über die Gründung der Stadt, 52 km, bestehen widersprüchliche Angaben aus mythischen Quellen und historischen Zeugnissen. Fest steht, dass Mayapán das mächtige Chichén Itzá eroberte und die Vorherrschaft in Nordyucatán übernahm. Ab etwa 1260 regierten hier die Cocomes, ein Stamm der Itzaés, die in den Mauern

Eine ambivalente Persönlichkeit

Diego de Landa, 1524 in Spanien geboren, kam 1549 als junger Priester nach Yucatán und wurde wenig später verantwortlich für den Klosterbau auf der Halbinsel. Den trieb der Franziskanermissionar dadurch voran, dass er die Tempel der Maya schleifen und die Steine gleich wieder verwenden ließ.

Nach dem Ketzergericht von Maní, womit er seine Befugnisse überschritten hatte, wurde de Landa nach Spanien zurückbeordert und wartete dort sieben Jahre auf seinen Prozess. Der Freispruch erlaubte ihm 1572 nach Yucatán zurückzukehren, wo er Bischof wurde und 1579 in Mérida starb.

Zur Rechtfertigung hatte de Landa einen »Bericht aus Yucatán« verfasst. Er »beschrieb, was er zerstörte, ohne Achtung und Verständnis für die andere Kultur«, urteilt der Herausgeber der ersten deutschsprachigen Ausgabe (Leipzig 1990).

Dennoch wurde »La Relación de las Cosas de Yucatán« die genaueste Chronik des Alltags der Maya vor der Conquista, und, wie Michael D. Coe schreibt, zu einer »Goldgrube fundierter Information über alle Aspekte des Maya-Lebens«. De Landas Aufzeichnungen entpuppten sich letztlich als Schlüssel zur Entzifferung der Maya-Hieroglyphenschrift.

3

Seite
79

von Mayapán eine kluge Politik verfolgten. Sie zwangen die Fürsten von Uxmal und Chichén Itzá, als Berater an ihrem Hof zu bleiben. So entstand die mächtige »Liga von Mayapán«, die ein politisch stabiles Gleichgewicht hielt – fast 200 Jahre lang. Dann kam es zum Aufstand. Die Xiú von Maní, Abtrünnige von Uxmal, besiegten Mayapán. Die letzte Metropole der präspanischen Maya-Reiche ging 1451 unter.

Die Völker zersplitterten, bekämpften sich und konnten so den spanischen Eindringlingen keinen geschlossenen Widerstand entgegensetzen.

Mayapán wirkt wie die verkleinerte Kopie von Chichén Itzá mit zahllosen Strukturen einfacher Wohnbauten – vermutlich lebten innerhalb der Stadtmauern 15 000 Menschen. Den wenigen Besuchern präsentierte sich die einstige Metropole vor allem als steiniges Feld unter dichtem Buschwald, wilden Avocadobäumen und Kakteen. Über Architektur und Stadtplanung urteilen Experten geringschätzig. Eine »erbärmlich gebaute Hauptstadt, über die eine lächerlich niedrige (...) Pyramide emporragt, die dem Castillo von Chichén Itzá nachempfunden ist« (Michael D. Coe).

Ein spannendes Buch von Michael D. Coe ist **Das Geheimnis der Maya-Schrift – ein Code wird entschlüsselt** (Rowohlt-Verlag).

1996 begannen Archäologen mit neuen Forschungen und Restaurierungen am **Templo Redondo,** der dem Caracol-Observatorio von Chichén Itzá ähnelt, an der (kleineren) **Kukulcán-Pyramide** sowie an rund 50 weiteren Gebäuden, die der Gran Plaza ein monumentales Gesicht geben.

Zum Vorschein kamen auch farbintensive Reste von Fresken und Stuckreliefs von Figuren mit abgeschla-genen Köpfen. Räuchergefäße aus Ton in menschlicher Gestalt, von denen einige im Museum von Mérida ausgestellt sind, zeigen Fantasie und Kunstfertigkeit der Maya der Postklassik.

Von Tekit nach Teabo

150 Jahre nach dem Niedergang Mayapáns herrschte bereits ein anderer Glaube im Land. Aber Maya waren es, die alte Glyphen und die (lateinische) Jahreszahl 1591 in einen Taufstein meißelten, der in der Kapelle des hl. Antonius von Padua in **Tekit** steht.

Kloster und Kirche von **Mamá** stammen aus dem 17. Jh. Der Portalbogen ist eine feine Steinmetzarbeit. Darüber erhebt sich der durchbrochene Glockenturm, der, wie so viele Kirchturmaufsätze, auffallende Ähnlichkeit hat mit der *cresteria* mancher Maya-Tempel. Das hohe Gewölbe, ein Tauf-

Das typische Maya-Dorf

Es sind nicht einzelne Sehenswürdigkeiten, die es hervorzuheben gilt. Es ist die stimmungsvolle Atmosphäre, die Maya-Dörfer so faszinierend macht. Eine wuchtige Kirche dominiert einen Platz. Er ist Spielplatz für die Jüngsten, Sportarena für die Größeren und Treffpunkt für alle. Auf Bänken unter dem ausladendem Geäst einer Ceiba oder eines Palisanderbaums lässt sich die Hitze gut ertragen.

Zum Zentrum gehört auch das Gebäude der Gemeindeverwaltung, meist ein nichtssagend moderner Bau. In größeren (Mestizen-)Orten schließt sich der Markt an, während in den traditionellen Maya-

becken, Wandmalereien, die hinter den Seitenaltären freigelegt wurden, sind im Innern bemerkenswert.

Mamá heißt: »Es gibt kein Wasser«. Die Spanier bewiesen das Gegenteil. Durch den Klostergarten gelangt man zur *Noria,* einem hölzernen Wasserwerk unter einer Kuppel, das die Missionare anlegen ließen, um aus der Tiefe Wasser zu schöpfen. Die Überreste einer kleineren Noria für die Dorfbewohner liegen außerhalb an der Straße von Tekit.

In der auffallend kleinen Klosterkirche von **Chumayel** (16. Jh.) erinnert nichts daran, dass hier eines der *Chilam-Balam*-Bücher (s. S. 26) aufbewahrt war.

In **Teabo** haben die Indígenas mit den Missionaren gemeinsame Sache gemacht, zumindest erscheint der Name ihres Kaziken *Andrés Ek* mit auf dem Gedenkstein zur Fertigstellung der Kirche St. Peter und Paul (1696).

Auf dem täglichen Weg zur Maismühle

3

Seite
79

Ein ausnehmend schöner Barockaltar und eine geschnitzte Kanzel schmücken den Innenraum. Auch das Kloster und die Offene Kapelle (beide 1607) sowie der Friedhof führen in die Kolonialzeit.

Gemeinden, die sich vor allem in Quintana Roo erhalten haben, jede Familie in der *huerta,* dem Garten am Haus, alles zum Leben Notwendige anbaut. Was fehlt, kaufen die Frauen im Kramladen. Und da lässt sich gleich ein Schwätzchen mit der Nachbarin halten, ebenso an der Maismühle. Um die Mittagszeit sind überall Mädchen, junge und alte Frauen mit Gefäßen voller Maiskörner unterwegs und wenig später dann auf dem Weg nach Hause mit der *masa* für die Tortillas.

Früher trafen sich die Frauen noch zum Wasserholen am Dorfbrunnen. Doch allmählich werden auch die entlegensten Orte an Wasserleitungen angeschlossen. Sonntags geht es in den Maya-Dörfern besonders lebhaft zu. Kinder vergnügen sich an Tischfußballständen, Schießbuden und Karussells und an Dutzenden von Karren wird alles Mögliche und Unnötige verkauft. Kleine Mädchen sind in hübsche Kleider gesteckt, Jungs tragen wie ihre Väter Fußballshirt und Baseballmütze.

Apropos Kleidung: Teenager bevorzugen Rock und Bluse; ein bisschen Schminke darf auch nicht fehlen. Ob sie nach der Eheschließung wieder zum bestickten *huipil* zurückfinden, den ihre Mütter und Großmütter noch ganz selbstverständlich tragen?

Maní

Weit reichende historische Bedeutung kommt Maní zu, dem Ort an dem »alles vorbei« ist. Gegründet hatte ihn ein Stamm der Xiú, der sich aus Uxmal zurückzog, als die Tolteken, wie es heißt, den Kukulcán-Kult einführten und den Regengott Chac verdrängten.

1559 wurde mit dem Bau des Klosters begonnen, das auch Schule sein sollte, um die indianische Elite mit der katholischen Lehre vertraut zu machen. Die Indígenas dachten jedoch gar nicht daran, ihren Glauben aufzugeben. 1562 ließ der fanatische Missionar de Landa (s. S. 75) tausende »ungläubige« Indianer gefangen nehmen, foltern und hinrichten sowie Idole, Kunstgegenstände, Gebeine der Ahnen und die Schriften der Maya bei einem Autodafé in Maní verbrennen, »weil sie nichts enthielten, was von Aberglauben und den Täuschungen des Teufels frei gewesen wäre«.

Auf dem Platz vor der Offenen Kapelle gemahnt ein Scheiterhaufen an dieses Ereignis. Die Klosterkirche **San Miguel Archangel** birgt schlichte Kunstwerke: einen modernen Altar und eine vollendet in Stein gemeißelte Christusstatue. Die hölzerne *Noria* im Garten ist noch funktionsfähig.

Oxkutzcab

Der Ort ist ein lebhafter Umschlagplatz für die Früchte und Gemüse der Region. An der Straße arrangieren Frauen Orangen, Limonen, Pflaumen oder Melonen malerisch zu Pyramiden. In der Halle wechseln gleich kistenweise Avocados, Papayas, Mangos die Besitzer. Zum Transport stehen Fahrradrikschas bereit. Diese *Trici-Taxis* sind wichtigstes Verkehrsmittel in Nordyucatán.

Die Händlerinnen in Oxkutzcab tragen schöne »huipiles«

Die schattige **Plaza** fällt durch giftgrün gestrichene Bänke auf. Für die Rathausfassade hat man sich einen besonders kitschigen Schmuck ausgedacht: Zwischen zwei lässig lagernden Chac-Mool-Figuren umrahmen verknotete Schlangen eine Uhr.

Ein vergoldetes Altarbild lockt Kunstliebhaber in die **Franziskanerkirche,** in deren Fassade auch Maya-Steine verbaut wurden. Hinter der angrenzenden Offenen Kapelle verbergen sich die Reste des ehemaligen Klosters.

Ticul

In Ticul (22 000 Einw.) haben sich vor allem Handwerker niedergelassen. Schuhherstellung ist der führende Wirtschaftszweig. Danach kommen die Töpfer, nicht zuletzt weil Tonerde in der Umgebung zu finden ist. Sie stellen überwiegend Gebrauchswaren her, aber auch bemalte Souvenirs sind in den Werkstätten entlang der Durchgangsstraße zu entdecken.

Am Ortsende Richtung Muna haben Werkstatt und Laden **Arte Maya** nicht nur Kunst der Maya zu bieten. Der Familienbetrieb hat sich auf Reproduktionen präspanischer Kunst-

3
Seite **79**

werke spezialisiert. Ob aus Ton, Alabaster, Obsidian oder Kalkstein, ob eine Jaina-Figur, eine Maya-Vase oder die Grabplatte von Palenque – die Nachbildungen sind vom Original kaum zu unterscheiden. José Manuel Castillo, seine Brüder und Cousins führen gerne durch ihr Reich und erklären Material und Arbeitsweise. Die aufwändigen Stücke sind leider kaum zu bezahlen, schlichte Gefäße und Figuren gibt es ab 10 US$.

Hotel Plaza, direkt an der Plaza. Das Haus erscheint von außen recht imposant, bietet aber nur eine einfache Ausstattung. ○

Los Almendros, Calle 23 (einen Block von der Plaza). Yucatekische Spezialitäten. Hier begann der Erfolg der Familie, die mittlerweile Filialen in Cancún, Playa del Carmen und Mérida betreibt. ○○

3

Seite
79

Hacienda Yaxcopoil

Nach Umán

Über das charmante Dörfchen **Santa Elena** gelangt man nach Uxmal. Muna und **Umán**, eine quirlige Stadt mit großem Markt und einer imposant überkuppelten Franziskanerkirche, sind weitere Orte an der »261« nach Mérida.

Am Weg liegt die **Hacienda Yaxcopoil**, die zum Museum wurde. Durch einen maurisch anmutenden Bogen betritt man den »Ort der grünen Pappeln«. Nichts scheint verändert: Werkstätten und Maschinen, Küche und Esszimmer, eine Kapelle, der Wohnraum mit Schaukelstühlen, das Bassin im Patio. Im »Maya-Museum« sind ausschließlich Gefäße, Scherben, Figuren ausgestellt, die auf den Ländereien gefunden wurden. Öffnungszeiten: Mo–Sa 8–18, So 9–13 Uhr.

Hacienda Temozón, 35 km südl. von Mérida (u. südl. Yaxcopoil); Reserv. in Mérida: Tel. (9) 9 44 36 37, Fax 9 44 84 84. Aufwändig restaurierte Hacienda mit allem Luxus. ○○○

Harmonie in Stein: die Puuc-Route

(*Mérida →) ***Uxmal → *Kabah → *Sayil → Xlapak → **Labná → *Grutas de Loltún (ca. 110 km)

Uxmal wetteifert mit Chichén Itzá um die Gunst der Touristen und hat doch ganz andere Qualitäten, ist eher Ergänzung als Konkurrenz. Während Chichén beinahe einschüchternd Macht demonstriert, strahlt Uxmal eine heiter-elegante Feierlichkeit aus. Die verspielten Formen des Maya-Barock schmücken auch die kleineren Stätten der Puuc-Region.

Uxmal ist von Mérida aus bequem im Tagesausflug zu erreichen, auch mit öffentlichen Bussen. Wer mehrere archäologische Stätten besuchen will, die nur wenige Kilometer voneinander entfernt sind (aber nur unregelmäßig angefahren werden), mag – auch wegen der Fülle an Eindrücken – eine Übernachtung in Uxmal bevorzugen. Die Tour lässt sich gut mit der »Klosterroute« (Tour 3) kombinieren.

***Uxmal

In Uxmal (80 km) zeigt sich in vollendeter Harmonie der üppige Puuc-Stil, der zwischen 750 und 1000 n. Chr. florierte und seinen Namen nach den Hügeln *(puuc)* in dieser Region erhielt.

Sehenswürdigkeiten im Norden
Einen fantastischen Über- und Weitblick hat man von der »Pyramide des Zauberers«, **Pirámide del Adivino,**

Seite 79

3

doch die will erst einmal über eine steile Treppe mit schmalen Stufen erklettert sein (falls dies nach der Restaurierung weiter möglich sein sollte). Gewaltig erhebt sie sich 35 m hoch, auf einem für Pyramiden ungewöhnlichen elliptischem Grundriss. Uxmal heißt »dreimal erbaut«; die Pyramide des Zauberers weist fünf Überbauungen auf. Der Eingang zum etwa auf halber Höhe liegenden Tempel auf der Westseite erinnert an die Erdmonster der Chenes-Architektur (s. S. 23). Darunter erhebt sich das erst kürzlich vollständig aufgebaute **Cuadrángulo de los Pájaros.**

Das **Cuadrángulo de las Monjas** (»Nonnenviereck«) besteht aus vier Bauten, die zu unterschiedlichen Zeiten angelegt wurden und sich zu einer einzigartigen Einheit fügen. Die lang gestreckten Gebäude mit vielen Eingängen zu kleinen Räumen versammeln alle Architekturmerkmale des Puuc: die Fassade schmucklos im unteren Teil, dafür überreich verziert im Fries. Steinernes Flechtwerk wechselt mit Masken, geometrische Motive lösen Säulen ab. Schlangenkörper winden sich an der Fassade entlang. Und überall wachen Chac-Masken über das Geschehen.

Durch einen Maya-Bogen an der Südseite gelangt man zum **Ballspielplatz.** Ein Pfad führt rechts ab zum **Cementerio.** Niedrige Plattformen, die mit steinernen Totenschädeln und Knochen ornamentiert sind, ließen die frühen Forscher an einen Friedhof denken, Gräber hat man nicht gefunden.

Maya-Bogen im »Nonnenviereck«

Sehenswürdigkeiten im Süden

Man muss die Stufen der **Gran Pirámide** (Grupo Sur) erklimmen, um ihren Fassadenschmuck zu bestaunen: ein kleinteiliges Puzzle aus Vögeln, Rosetten, Kreisen, Mäandern und Chac-Masken.

Dicht unterhalb des Baus erhebt sich, nur teilweise freigelegt, die Ruine des so genannten Taubenhauses. **El Palomar** verdankt seinen Namen

4

Seite
81

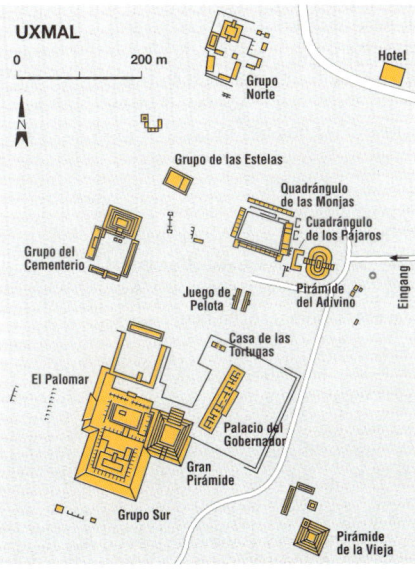

UXMAL
0   200 m
N
Hotel
Grupo Norte
Grupo de las Estelas
Quadrángulo de las Monjas
Cuadrángulo de los Pájaros
Grupo del Cementerio
Juego de Pelota
Pirámide del Adivino
Eingang
Casa de las Tortugas
El Palomar
Palacio del Gobernador
Gran Pirámide
Grupo Sur
Pirámide de la Vieja

Pyramide des Zauberers, Uxmal

4

Seite
79

🏠 **Hacienda Uxmal** (Mayaland-Res.), 400 m von den Ruinen, ehem. Hacienda, Tel. (9) 9 28 30 55, Fax 9 28 30 77. Kolonialstil, schöner Garten, Pool. ○○○

■ **The Lodge at Uxmal** (Mayaland-Res.), Tel./Fax s. Hacienda Uxmal. Direkt an den Ruinen, Neubauten im Stil übergroßer Maya-Hütten. ○○○

■ **Misión Uxmal,** 2 km Richtung Mérida, Tel. (9) 9 76 20 22, Fax 9 23 28 84. Angenehmer Komfort; Blick auf Uxmal. ○○

■ **Canah Nah,** 5 km Richtung Mérida. Einfache Pension. ○

🍴 **La Palapa de la Posada,** beim Parkplatz. Reisegruppen. ○○

■ **Yax Beh,** im Infozentrum. Cafeteria-Stil: sehr gut klimatisiert. ○○

■ **Chac Mool,** Santa Elena (14 km, Richtung Kabah), an der Hauptstraße. Gutes Essen, freundliche Bedienung. ○

dem gezackten Dachaufsatz, der wohl zum Vorbild für die Glockentürme yucatekischer Kirchen wurde.

Vorbei an der **Casa de las Tortugas** (»Haus der Schildkröten«) gelangt man zum ****Palacio del Gobernador,** dem bedeutendsten und faszinierendsten Gebäude von Uxmal. Die fast 100 m lange Fassade ist durch zwei Maya-Bögen unterteilt. Den 3 m hohen Fries schmücken Mäander und Schlangenskulpturen, menschliche Figuren – offenbar hohe Würdenträger – und mythische Vogelgestalten. Chac-Masken sind so versetzt, dass sie eine Schlange imitieren. Der Palast thront auf zwei Plattformen, auf der unteren steht ein Altar mit einer doppelköpfigen Jaguarskulptur.

Weiter entfernt (südöstlich) liegen im dichten Busch die »Pyramide der Alten Frau« **(Pirámide de la Vieja)** und der »Phallustempel«, in der Tageshitze nur etwas für Sportsgeister.

Tipp Die ***Licht-und-Ton-Schau** (Spanisch 19 Uhr, Übersetzung per Kopfhörer) ist wegen der hervorragenden architektonischen Wirkung zu empfehlen; Neonlichter heben die Ornamente plastisch hervor und machen sie deutlicher erkennbar als im Sonnenlicht.

Fast direkt an der Straße und doch mittendrin in der dichten trockenen Selva liegen weitere Ruinenstädte. Niederschläge fallen hier nur selten (dann aber heftig). Wasservorrat sammelten die Bewohner in *chultunes*, gemauerten Zisternen (s. S. 14), die dutzendfach zwischen den Maya-Bauten ausgegraben wurden.

*Kabah

In der einst ausgedehnten Stadtanlage von Kabah, 22 km, wurden nur wenige Gebäude freigelegt. Ungewöhnlich ist der Palast der Masken, **Codz Poop.** »Aufgerollte Matte«, so die Übersetzung, spielt auf die lange Rüsselnase des Regengotts Chac an. Und Chac findet sich hier allerorten. Ursprünglich war die Fassade des 46 m langen Baus mit 260 Göttermasken bedeckt, ein Großteil ist erhalten ge-

Maskenparade in Kabah

blieben, wenngleich die gebogene Nase meist abgebrochen ist.

Vor dem Palast türmen sich die Steine: Augenbrauen, Ohren, Zähne und Ohrpflöcke, aufgeschichtet und nummeriert, bereit, wie ein Puzzle zusammengesetzt zu werden. Etwa 30 Einzelteile sind für ein Maskengesicht nötig.

Bei jüngeren Grabungen wurden auf der Rückseite des Palastes rundplastische Figuren gefunden. Zwei stehen dort auf einem Podest: grob gehauen, aber mit detailgenauer Wiedergabe der Kleidung. Wiederum andere Künstler müssen für die vergleichsweise fein gearbeiteten Reliefs verantwortlich gewesen sein, die einen Eingang seitlich zieren. Die Szenen zeigen einen Kampf mit anschließender Gefangennahme.

Das zweistöckige Gebäude **Teocalli** nördlich davon ist wegen der Säulenornamente interessant.

Auf der anderen Straßenseite (kurzer Fußweg) steht einsam der **Bogen von Kabah** in geradezu klassischer Schönheit und Kargheit – gleich einem Studienobjekt für das falsche Gewölbe der Maya: Stein für Stein wurde weiter vorgeschoben, bis sich zwei parallele Wände berührten, in diesem Fall in einer Höhe von 6 m. Der Bogen markiert den Anfang einer *sacbé,* die bis Uxmal führte. Viele weitere Bauten sind unter der wuchernden Vegetation begraben.

Der Palast von Sayil

*Sayil

Wie in einem Ameisenhaufen muss es im »Ort der Ameisen« (32 km) zugegangen sein, als um 800 bis 1000 der imponierende dreistöckige **Palast** mit 85 m Länge errichtet wurde. In seinen 94 Räumen sollen 350 Menschen Platz gefunden haben. Große Türöffnungen werden in der Beletage durch dicke Stützpfeiler und schmale Schmucksäulen gegliedert. Im Fries darüber erscheinen Chac-Masken und zwischen zwei Schlangenmotiven ein »herabstürzender Gott« (s. S. 63). Der Palast ist Hauptgebäude einer riesigen Ansiedlung.

Etwa 10 Min. dauert der Spaziergang zum **Mirador** mit der auffälligen *cresteria.* Im Buschwald versteckt sich eine Stele, die eine unförmige Figur mit übergroßem Phallus (einen Fruchtbarkeitsgott) zeigt.

Xlapak

Xlapak war lange nur als altes Gemäuer bekannt, das jedoch mit einem aufwändig dekorierten Fries und au-

4

Seite
79

Der Arco von Labná ist ein Meisterwerk des Puuc-Stils

ßerordentlich schönen Chac-Masken verziert ist. Mittlerweile wurden kleine Bauten im Wald freigelegt (nicht restauriert). Der Besucher kann sich auf einem Trümmerfeld behauener Steine selbst wie ein Entdecker fühlen.

**Labná

Wer nur wenig Zeit hat, der sollte sich zumindest Labná, 42 km, nicht entgehen lassen. Ein Kuriosum ist der zweistöckige **Palast,** an dem die Archäologen Tag für Tag weitere Ecken und Überbauungen freilegen. Zwölf Überbauungen bzw. Umbauten wurden nachgewiesen, 67 Räume, sieben Patios gezählt, unzählige Treppen und Durchgänge gefunden. Neben den bekannten Chac-Nasen, Figuren, Pfeilern, Gewölben, Säulen und geometrischen Mustern beachte man die Schlange an der Südostecke, die ein menschliches Gesicht »ausspuckt«.

Eine breite *sacbé* führt vorbei am verfallenen **Mirador** zum Höhepunkt von Labná, dem *Arco. Frederick Catherwood, John L. Stephens' genialer Zeichner, hat diesem Schmuckstück ein einzigartiges Denkmal gesetzt. Bis auf den Dachkamm, der erneuert wurde, sieht das Tor noch genauso aus wie auf den Zeichnungen von

1840. Der Bogen schließt einen kleinen Platz ab, der von Wohngebäuden der Elite umgeben war.

*Grutas de Loltún

Weiter zurück in die Maya-Vergangenheit führen die Grutas de Loltún, 62 km. Eine Vielzahl von *metates* (Reibsteine) beweist eine häusliche Nutzung, seit Maya die Höhle vor 2500 Jahren bezogen. Bedeutendster Fund war ein steinerner Kopf mit olmekischen Gesichtszügen.

In der **Sala de las Inscripciones** zieren geometrische Darstellungen die Wände, im **Cuarto de las Pinturas** verewigten sich die Maya durch Malerei und den Abdruck ihrer Hände. Später diente die Höhle den Maya-Rebellen als Rückzugsort im Krieg der Kasten (s. S. 16). Die Höhle blieb bekannt als Lieferant für feinen Ton, auch für medizinische und kosmetische Zwecke. Führungen: 9.30, 11, 12.30, 14, 15 Uhr.

Je ein kleines Restaurant am Parkplatz sowie am Ausgang der Höhle. Beide ○○

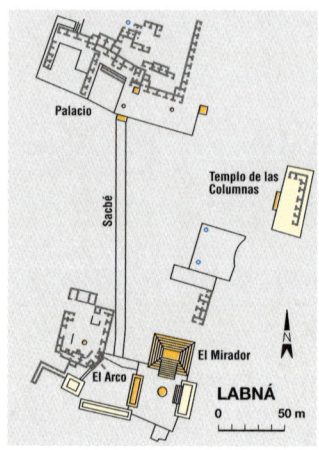

Über Campeche nach Palenque

*Mérida → **Edzná → **Campeche → ***Palenque (ca. 645 km)

Genau genommen gehört sie nicht mehr zur Halbinsel Yucatán, doch auf einer Rundfahrt durch die Welt der Maya sollte man eine der faszinierendsten Maya-Städte Mexikos nicht auslassen: Palenque (Bundesstaat Chiapas) hat magischen Reiz, allein durch die einmalig schöne Lage am Rande des Regenwalds und ist bestens restauriert. Auf der langen Fahrt von Mérida nach Südwesten überrascht die vielfältige Landschaft: Obstplantagen wechseln mit Weideland und Reisfeldern, der trockene Buschwald geht im Süden in üppigen Regenwald über. Sumpfregionen, Flüsse und Lagunen bieten einer reichen Tierwelt Lebensraum.

Palenque ist direkt und bequem mit kleinen Flugzeugen (auch als Tagesausflug) ab Mérida und Cancún sowie über Villahermosa zu erreichen. Mit dem Auto stehen ab Mérida zwei Routen zur Wahl: **Ruta Corta** (Mex 180), die »kurze Route« bis Campeche (ca. 180 km), oder die **via ruinas** (Mex 261), an den Ruinen von Uxmal und weiteren Ausgrabungsstätten vorbei (s. S. 80 ff.; 280 km). Ab Campeche heißt die kürzere Verbindung »261« (über Fco. Escárcega und weiter nach Westen auf der »186«; 365 km). Die längere Küstenstraße (»180«) folgt im Bogen dem Golf bis Villahermosa (380 km). Auf der »186« sind es dann noch 140 km bis Palenque.

Auf dem Weg nach Tahcok

Der Weg über die Ruinen durchquert südlich von *Kabah (s. S. 82) das Dorf Bolonchén und stößt kurz danach auf einen Feldweg zu den **Grutas de Xtacumbilchunán.** Die Höhlen mit dem zungenbrecherischen Namen haben John L. Stephens zum Schwärmen und F. Catherwood zu einer seiner aufregendsten Zeichnungen veranlasst: Über eine fast senkrechte Leiter aus Holzstämmen klettern auf dem Bild winzige Menschen in die Tiefe, um aus einem Cenote Wasser zu schöpfen.

Heutige Besucher gelangen auf einem spärlich beleuchteten Pfad bis an den Rand zum Abgrund. Der Blick verliert sich bald in der Dunkelheit. Noch immer so eindrucksvoll wie in Stephens' Beschreibung präsentiert sich der bewachsene Eingang zur Höhle, zu dem steile Treppen hinunter führen: »wie das großartige Portal zu einem wunderbaren Tempel«.

In **Hopelchén** zweigt eine Straße nach Xpujil an der Mex 186 (Tour 6) ab. In westlicher Richtung, vorbei an den Maya-Bauten von **Tahcok** direkt neben der Straße, durchquert man fruchtbares Anbaugebiet. Mango- und Orangenplantagen wechseln mit Weideflächen und Dörfern.

**Edzná

Bei Cayal führt eine Abzweigung nach Edzná, 155 km, in klassischer Zeit (300 bis 900) eine politisch und wirtschaftlich mächtige Großstadt mit 25 km² Ausdehnung. Bis zu 70 000 Menschen mussten ernährt werden, und dies geschah mit Hilfe eines Wasserleitungssystems. In der Regenzeit wurde das im Überfluss verfügbare Nass kanalisiert und in Reservoirs, die *aguadas,* geleitet. Sie stellten während der Tro-

5

Seite 79

ckenmonate die Versorgung sicher. Der längste der 32 entdeckten Kanäle misst 12 km, ist 20 m breit und 6 m tief. Im Zentrum der Anlage wurden 15 *chultunes* (Zisternen) gefunden.

Edzná entstand um 600 v. Chr. und blieb bis 1400 n. Chr. bewohnt. Aus der frühen Petén-Epoche (100 v. Chr. bis 600 n. Chr.) stammt der **Tempel der Masken** Ⓐ im Süden der Anlage hinter dem Ballspielplatz. Die ausdrucksstarken und fein modellierten Stuckmasken, Farbreste in Rot und Blau sind gut zu erkennen, stellen offenbar den Sonnengott am Morgen (im Osten) und am Abend (im Westen) dar. Weniger gut erhaltene Masken schmücken die **Kleine Akropolis** Ⓑ.

Mittelpunkt ist die **Große Akropolis** Ⓒ, ein Komplex mit Elementen der Stile Río Bec, Chenes und Puuc. Errichtet wurden sie auf einer nahezu quadratischen Plattform. Das **Edificio de los Cinco Pisos** Ⓓ überragt alle übrigen. Eine breite Treppe führt zum obersten Heiligtum des sich mit jedem der fünf Stockwerke verjüngenden Gebäudes. Edzná wird einmal übersetzt mit »das Haus mit dem Gesicht, das Grimassen schneidet«. Eine weitere Interpretation spricht vom »Haus des Echos« und bezieht sich auf die Akustikeffekte, die auf der Treppenflucht des **Nohochná** Ⓔ zu erzielen sind.

Das 31 Meter hohe »Gebäude der fünf Stockwerke« dominiert die Große Akropolis in Edzná

Klatschen wird von den Wänden laut zurückgeworfen, Flüstern kommt auf der anderen Seite deutlich hörbar an. Die Stufen des »Großen Hauses« – 130 m lang, 9 m hoch – dürften als Tribüne gedient haben.

Bei der Freilegung der Nordseite des Edificio de los Cinco Pisos kamen leuchtende Wandmalereien und Maskenteile zum Vorschein. Auch ein astronomisches Phänomen ist seit kurzem bekannt. Zweimal im Jahr für jeweils drei Tage dringen die Strahlen der untergehenden Sonne in die Öffnung des Heiligtums am »Gebäude der fünf Stockwerke« und erhellen die sonst in der Dunkelheit verborgene Stele mit der Figur einer Gottheit. Die Daten – 1.–3. Mai und 7.–9. August – stehen mit dem Zeitpunkt der Aussaat und dem Einbringen der ersten Ernte in Einklang. Die Bewohner des Staates feiern diese Tage mit Tanz, Musik und Zeremonien auf dem Gelände.

Am Camino Real

Campeche (s. S. 42 ff.), 215 km, ist auf der Ruta Corta keine zwei Autostunden von Mérida entfernt. Doch gibt es auf dem *Camino Real,* dem »königlichen Weg«, einem überaus wichtigen

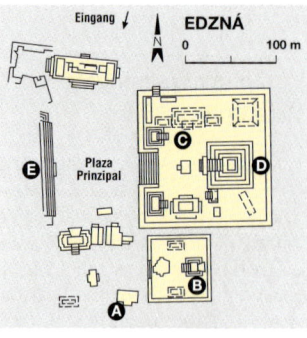

Poinciana-Blüten

Becal ist Hauptort für die Fertigung von Jipijapa-Hüten, die in feuchten Lehmhöhlen geflochten werden

5

Seite
92

Handelsweg der Kolonialzeit, lohnende Zwischenstopps.

So ist **Oxkintoc** (vor Maxcanú abbiegen Richtung Muna/Uxmal) eine geheimnisvolle ausgedehnte Zeremonialstätte. Vor dem *Palacio* genannten Gebäude stehen Atlanten und unförmige Gestalten als Rundplastiken. Die Bedeutung des unterirdischen Labyrinths ist nicht erforscht. Wer die höchste Pyramide erklimmt, sieht in der Ferne die Hügelkette des Puuc. Unter den Hügeln im Umkreis verbergen sich ausnahmslos Pyramiden.

In eine ganz andere Art von Unterwelt steigt man in **Becal** (85 km) hinab. In feuchten Lehmhöhlen hinter den Häusern sitzen Frauen, um aus der Guano-Palmfaser *jipi* nach traditioneller Weise *Jipijapa*-Hüte zu flechten – besser bekannt als Panamahüte. Die Feuchtigkeit ist nötig, um das Material geschmeidig zu halten: *Jipijapas* lassen sich zusammenfalten und problemlos wieder in Form bringen, allerdings nur, wenn das Material unbehandelt ist. Bei gefärbten Hüten funktioniert es meist nicht.

Jipijapa-Hüte sind in Geschäften am Hauptplatz und bei den Herstellern zu kaufen.

Das archäologische Museum am Hauptplatz von **Hecelchacán** zeigt interessante Fundstücke von der Begräbnisinsel **Jaina** (So geschl.; s. S. 43). 60 m vor der Küste gelegen, soll sie für den Tourismus zugänglich gemacht werden.

Von Champotón (südl. von Campeche) führt der direkte Weg über Francisco Escarcega nach Palenque.

***Zona arqueológica Palenque

Palenque ist das Tor zum Staat Chiapas. Das Maya-Zentrum, 8 km westlich des Dorfes an den Ausläufern der Berge gelegen, verzaubert allein durch die Lage im Regenwald, vor allem am frühen Morgen, wenn sich langsam die Nebelschleier verziehen

Palenque: Tempel der Inschriften (links) und El Palacio (rechts)

5

Seite 92

und den Blick freigeben auf einen magischen Ort. Die Bauten streben in die Höhe und werden bekrönt von einer luftigen *crestería*. Vom reichen, bunt bemalten Fassadenschmuck blieb nicht viel erhalten, doch selbst die Reste versetzen in Begeisterung.

Die längst erforscht geglaubten Hauptbauten brachten bei jüngsten Grabungen neue Überraschungen zutage. So wurden unter dem **Templo de la Cruz** (»Kreuztempel«) Jadeschmuck und zahlreiche Tonurnen gefunden, die einen herausragenden Platz im fantastisch gestalteten ****Museum** an der Zufahrtsstraße erhielten.

Sehenswürdigkeiten im Süden

Der unscheinbare **Templo XIII** sorgte 1994 für eine Sensation. Entdeckt wurde ein Königsgrab, überreich ausgestattet mit Jade, Muscheln und Obsidian, das Skelett mit Zinnober rot eingefärbt. Als »rote Königin« machte der Fund Furore, obwohl es sich vermutlich um das Skelett eines Mannes handelt. Der *Templo de Calavera* ist mit einer Totenkopfmaske verziert.

Steile Treppen führen zum ****Templo de las Inscripciones** (»Tempel der Inschriften«), noch steilere im stickigschwülen Inneren wieder hinunter zu einer Gruft. Der Archäologe Alberto Ruz Lhuillier entdeckte hier 1952 das erste Grab unter einer mexikanischen Pyramide. Die menschlichen Überreste, die über und über mit Jadeschmuck bedeckt waren, wurden als der Herrscher Pakal identifiziert. Die Hieroglyphen – die Steintafeln an der Rückwand gaben dem Tempel der Inschriften den Namen – sowie in Stein gehauene Wandreliefs halfen, die Geschichte einer Dynastie zu erhellen.

*El Palacio entstand zum Teil unter Pakals Ägide, wurde aber von allen Herrschern verändert. Die Repräsentationsräume und vier Innenhöfe liegen auf einer etwa 100 mal 80 m großen und 10 m hohen Plattform. Reste von Verzierungen sind erhalten: Stuckfiguren in tänzerischer Pose an den Eingangspfeilern, Reliefs mit Spuren von Farbe in den Galerien, Stuckmasken an der Nordwand und Glyphen auf Treppenstufen. Die Stelen im nördlichen Innenhof zeigen unförmige Figuren mit zusammengebundenen Händen, offensichtlich Gefangene. Ungeklärt ist die Funktion des Turms.

Östlich des Otulum-Flusses ließ Chan Bhalum, der Sohn Pakals, unter Einbeziehung der hügeligen Landschaft ein harmonisches Ensemble mit drei Tempeln anlegen: Auf einer gewaltigen Stufenpyramide erhebt sich der ***Templo de la Cruz** (»Kreuztempel«), in Nachbarschaft zu **Templo del Sol** (»Sonnentempel«) und **Templo de la Cruz Foliada** (»Blattkreuztempel«). Die Relieftafeln auf den inneren Rückwänden variieren eine Szene: die Übergabe der Macht von Vater Pakal auf Sohn Chan Bhalum.

Sehenswürdigkeiten im Norden
Zum Zentrum der Zeremonialanlage gehören im Norden der Ballspielplatz, die Nordgruppe und der **Templo del Conde**, in dem sich Graf Waldeck, einer der ersten Forscher und Abenteurer, 1831–1833 einquartiert hatte. Beim jüngsten Grabungsprojekt wurden südlich und nördlich weitere Bauten freigelegt. Unter **Templo XIX** und **XX** kamen ein Altar mit Glyphen und eine Grabkammer zum Vorschein.

Flugverbindungen: Chetumal, Belize, Flores/Tikal (s. S. 31). Ausflüge nach Yaxchilán und Bonampak.

Misión Palenque, Rancho S. Martín de P., Tel. (9) 3 45 02 41, Fax 3 45 03 00. Komfortable Anlage, Garten, Pool. ○○○

■ **Chan-Kah,** Carr. Ruinas km 3, Tel. 3 45 11 00, Fax 3 45 08 20. Traumhaft im Dschungel gelegene Bungalows mit großem Naturpool. ○○

■ **Chan-Kah Centro,** im Ort, Tel. 3 45 03 18. Einfach, preiswert. ○

Cafetería am Museum; Palapa-Lokale an der Ruinen-Straße. ○
■ **Selva,** an der Kreuzung Mex 199/Straße zu den Ruinen. Schönes Ambiente, gute regionale Gerichte. ○○
■ **Maya,** am Hauptplatz. Ordentliche Küche, beliebter Treffpunkt. ○

Yaxchilán und Bonampak

Sanft gleitet das Boot über den Usumacinta. Flussabwärts wird bisweilen der Motor abgestellt, damit der Urwald hörbar wird. Yaxchilán, die geheimnisvolle Maya-Stadt im Dschungel, ist nur auf dem Wasserweg (oder per Kleinflugzeug) zu erreichen. Doch die Asphaltstraße von Palenque nach Frontera Corazal (Bootsanlege) und Bonampak verkürzt die Anreise und rückt damit eines der letzten Abenteuer Mexikos in greifbare Nähe für jedermann. Reisebüros in Palenque organisieren den Trip (ab 35 US$ pro Tag; auch Zweitagestouren sind möglich), Indígenas sorgen vor Ort für Unterkunft, Essen und Transport. Malariaprophylaxe ist in der Regenzeit empfehlenswert, Mückenschutz wichtig.

5

Seite **92**

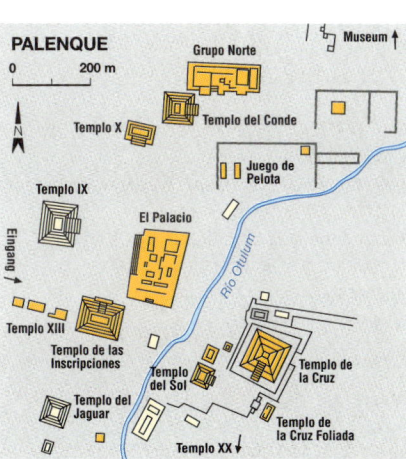

Versunken im Urwald – Yaxchilán

*Yaxchilán war in klassischer Zeit (600–900) eine bedeutende Handelsstadt. Wie kaum andere Könige haben »Schild-Jaguar« (681–742) und »Vogel-Jaguar« (752 bis 768) ihre Geschichte in Stein meißeln lassen. Stelen, Treppenstufen, Altäre und Türstürze berichten von Ereignissen, Taten und Ritualen einer erfolgreichen Dynastie. Nur: Die Daten sind gefälscht, denn die Stelen wurden, wie ihr Stil beweist, später errichtet, als die Jahreszahlen behaupten.

*Bonampak hat magische Anziehungskraft durch ihre »bemalten Wände«, die in drei Kammern ausführlich und detailgenau eine Schlacht schildern. Vor dem Bau erhebt sich eine fünfeinhalb Meter hohe Stele, die den Herrscher Chan Muan II. darstellt.

Villahermosa

Tabascos Hauptstadt (500 000 Einw.; 140 km ab Palenque) wirbt im ****Parque La Venta** (8–16.30 Uhr) mit 30 monumentalen Köpfen der Olmeken-Kultur, der ältesten Mexikos. Einen Schwerpunkt der anthropologischen Sammlung ***CICOM** (Öffnungszeiten: Di–So 9–19 Uhr) bildet die Maya-Kultur Tabascos.

5
Seite 92

Ruinen im Regenwald: der Süden

***Palenque → Francisco Escárcega (190 km) → **Calakmul → *Xpujil → *Kohunlich → Dzibanché → Chetumal → *Laguna de Bacalar → Felipe Carrillo Puerto → **Cancún (810 km)

Der Süden der Halbinsel Yucatán, den sich Campeche und Quintana Roo teilen und der an Guatemala und Belize grenzt, gehört zu den vergessenen Regionen Mexikos. Selbst die Archäologen wagten sich lange nicht in die unwegsame Selva. Zahlreiche Maya-Stätten wurden erst in jüngster Zeit freigelegt und zugänglich gemacht. Weitere werden folgen.

Fast schnurgerade zieht sich die Bundesstraße Mex 186 durch die Landschaft mit Viehweiden, Obstplantagen, Mais- und Zuckerrohrfeldern. In rund drei Stunden kann man von Fco. Escárcega aus Chetumal erreichen. Doch links und rechts der wenig befahrenen Strecke verbergen sich eindrucksvolle Beispiele der Maya-Architektur, mal bequem direkt am Straßenrand, mal abwegig im Dschungel versteckt. Wer nur die wichtigsten besucht, braucht bis Cancún drei bis vier Tage Zeit, wer auch die Naturschönheiten erleben will, sollte mehr Zeit einplanen (Unterkunft z. B. in Xpujil).

In der Maya-Klassik war die Region dicht besiedelt. Den schwierigen Lebensbedingungen in der *selva* setzen sich heute indes nur wenige aus: einzelne Maya-Gemeinschaften und Einwanderer, die 1974 im jungen Staat

Quintana Roo angesiedelt wurden; sie sollten den Urwaldboden fruchtbar machen. Dabei stießen sie auf Überreste der Maya-Kultur wie vor ihnen Holzfäller und *chicleros,* die Gummisammler.

*Balamkú

Sie sind riesengroß und dabei so fein gearbeitet, dass man vor Ehrfurcht fast erstarrt: die »Vier Könige von Balamkú«, gigantische Stuckfiguren umgeben von Amphibien und Jaguaren – mit roter Farbe zum Leuchten und mit schwarzer in Kontrast gebracht. Sie schmücken einen Fries von 16,80 m Länge und 1,75 m Höhe, der ein fast verfallenes Bauwerk ziert. Zu entdecken ist **La Casa de los Quatro Reyes de Balamkú** im dichten Urwald unweit der Mex 186 und dem Dorf Conguas (nahe Abzweigung nach Calakmul).

Die »vier Könige«, die, dem Erdungeheuer entstiegen, auf einem Krokodil bzw. einer Kröte als Thron sitzen, symbolisieren den Kosmos der Maya: Sonne und Fruchtbarkeit, Krieg und Tod, Paradies und Unterwelt. Noch sind die Archäologen bei der Arbeit, doch schon beginnt trotz Schutzdach die Farbe zu verblassen ...

**Calakmul

Über 6000 Strukturen, die durch hunderte von *Sacbé*-Kilometern verbunden waren, wurden hier auf 25 km² registriert. Die neben Tikal (Guatemala; 3000 Strukturen auf 16 km²) einst mächtigste Maya-Stadt wurde 1931 von einem *chiclero* entdeckt, dann aber nahezu vergessen. 1973 begannen erste Arbeiten. Man entdeckte u. a. kostbare Grabbeigaben, die in Campeche (s. S. 43) ausgestellt sind.

Tipp Das malerische Calakmul liegt 60 km abseits der Mex 186 und ist nicht im Vorbeifahren zu besichtigen. Man sollte in Xpujil (50 km) übernachten und für das ökoarchäologische Abenteuer einen Tag einplanen (Verpflegung, Wasser und Mückenschutz mitnehmen). Informationen an der Einfahrt zur Reserva, km 96.

Die Fahrt durch die **Reserva de la Biósfera de Calakmul** (Zufahrt gebührenpflichtig), mit 723 000 ha eines der größten Schutzgebiete Mexikos, ist ein Erlebnis, wenn morgens giftgrüne Papageien sich in die Lüfte erheben, wilde Truthähne anmutig die Straße entlang spazieren und hunderte bunter Schmetterlinge in der Luft taumeln. Vielleicht lugt auch ein Nasenbär aus dem Gebüsch, huscht ein Weißwedelhirsch vorbei. Der Regenwald wird nach Süden hin dichter. Stämme und Astgabeln sind mit Moosen, Bromelien und Orchideen bewachsen. In dieser magischen Atmosphäre erheben sich die Ruinen.

6

Seite **93**

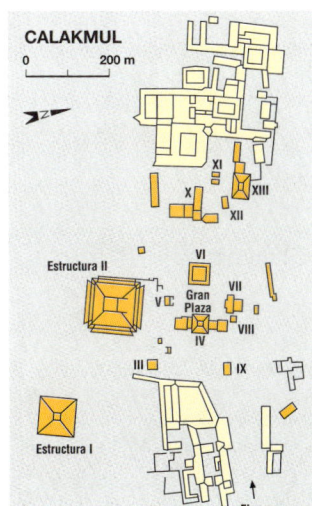

Spuren einer Besiedlung reichen bis 400 v. Chr. zurück, und bis 1450 blieb Calakmul viel besuchte Pilger- und Opferstätte. Ab 1250 entstanden keine Bauten mehr. Man fand 115 Stelen – die größte Ansammlung in einer Maya-Stadt. Die schönsten gelangten in Museen. Viele sind stark verwittert, andere von Baumwürgern umschlungen. Eine ganze Mannschaft versammelt sich am Fuße der **Estructura II**, der mit 50 m zweithöchsten Pyramide der Halbinsel Yucatán. Die höchste (ca. 53 m) verbirgt sich unter dem Nachbarhügel und soll freigelegt werden. Dann wird Calakmul, der »Ort der zwei Hügel« oder »Zwillingstürme«, wieder seinem Namen gerecht. Von oben hat man einen grandiosen Blick über den dichten Urwald. Zwischendrin erheben sich wie Inseln im grünen Meer zahlreiche weiße Bauten.

Man braucht nicht viel Fantasie, um sich in die Maya-Welt zurückzuversetzen. Die **Gran Plaza** war der Ort für Zeremonien: Alle Bauten hatten symbolische Bedeutung. Die Maya versuchten, den Mythos der Schöpfung in den Stadtanlagen zu reproduzieren. Der große Platz ist das Urmeer, aus dem, nach dem »Popol Vuh« (s. S. 26), die Erde entstand. Die Pyramiden entsprechen den heiligen Bergen, in denen Gottheiten wohnten, Stelen symbolisieren den Baum des Lebens. Die Treppen bilden Wege zwischen der Welt der Figuren und der »anderen Welt«, zu der man durch Orte wie den Ballspielplatz Zugang erhält.

Im Kontrast dazu stehen Hinweise auf kriegerische Aktivitäten. Eine Mauer umgab die **Akropolis** (Estructura XIII) im Westen, damit Gefangene nicht entfliehen konnten. Auf einer verwitterten Bodenplatte sind noch die Umrisse von Figuren zu erkennen, deren Arme und Beine gefesselt sind.

Ausgrabungen um Xpujil

Die nächsten archäologischen Anlagen konzentrieren sich um die Ortschaft Xpujil (Xpuhil), 340 km.

6

Seite 93

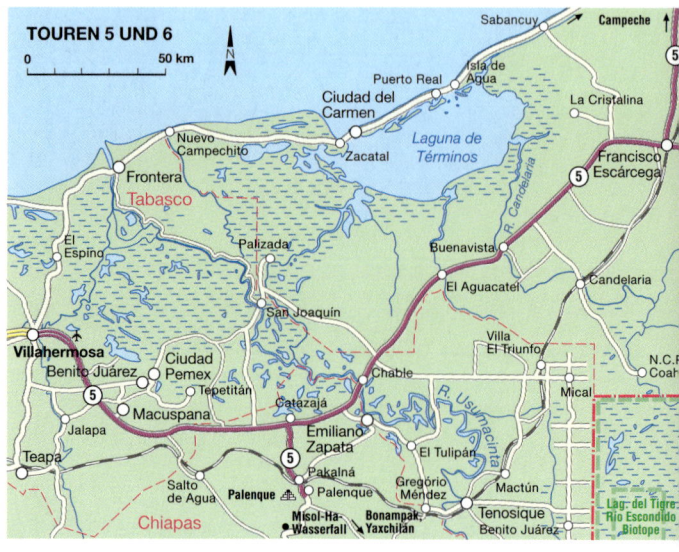

TOUREN 5 UND 6

0   50 km

Sabancuy · Campeche

Puerto Real · Isla de Agua

Ciudad del Carmen

La Cristalina

Nuevo Campechito · Zacatal · Laguna de Términos

Frontera · Francisco Escárcega

Tabasco

El Espino · Palizada · Buenavista

El Aguacatel · Candelaria

San Joaquín

Villahermosa · Ciudad Pemex · Villa El Triunfo · N.C.F. Coah

Benito Juárez · Tepetitán · Chable · Mical

Jalapa · Macuspana · Catazajá · R. Usumacinta

Teapa · Emiliano Zapata · El Tulipán

Salto de Agua · Pakalná · Gregório Méndez · Mactún

Palenque · Palenque · Tenosique

Chiapas · Misol-Ha-Wasserfall · Bonampak · Yaxchilán · Benito Juárez

Lag. del Tigre · Río Escondido · Biotope

*Chicanná

Chicanná heißt »Haus des Schlangenmundes« und meint das lange Gebäude auf der Ostseite des Hauptplatzes. Die üppig dekorierte Fassade ist eine symbolische Darstellung des Schöpfergottes Itzamná. Den Eingang zur Unterwelt markiert das Erdungeheuer mit aufgerissenem Rachen. Darüber erscheinen Zähne und Augen, an den Seiten die Ohren, und den Unterkiefer bildet die Plattform. Die Fassade zeigt Farbreste und einzelne Glyphen. Die zoomorphen Ornamente sind typisch für den Chenes-Stil.

Mit abgerundeten Ecken und falschen Türmen gibt die **Estructura I** gegenüber ein Beispiel für den Río-Bec-Stil (s. S. 22). Chicanná war vermutlich elegante Residenz der Herrscher, die das nahe Becán regierten (550–700). Weitere Gebäude mit dekorativen Elementen liegen im Buschwald, so die zweistöckige **Estructura XX** (850 bis 1000). Deren Monsterfassade schmücken an den Ecken zusätzlich Masken des Regengottes Chac.

Eine Mauer umgab Becán

*Becán

Eine der bedeutendsten Stätten der Region Río Bec ist Becán, das von einer Mauer und einem bis zu 4 m tiefen Wassergraben umgeben war. Die Art der Anlage lässt auf einen Festungsort schließen, doch wurden keine Waffen gefunden. Um drei Plätze gruppieren sich die wichtigsten Bauten. **Estructura I** hat zwei massive Scheintürme, die astronomischen Beobachtungen dienten, und davor als luftigen Kontrast ein doppelstöckiges Gebäude mit offenen Räumen.

6

Seite **93**

An der **Plaza A** erheben sich Wohnbauten (II, IV) mit charakteristischen Ornamenten in Form von Rosetten, Kreuzen und Schachbrettmuster.

Struktur III diente als *temascal* (Dampfbad). Ein 66 m langer *pasillo*, der von einem Maya-Bogen überwölbt ist, führt zur Plaza B mit der monumentalen **Structura VII** und der noch höheren **Pirámide VIII** (30 m; unter einem Hügel). **Struktur X** ziert abermals ein Erdungeheuer. An der Plaza C ist nur der **Ballspielplatz** freigelegt.

*Xpujil

Den Río-Bec-Stil verkörpert am deutlichsten Xpujil. Drei statt der üblichen zwei Türme erheben sich 18 m hoch auf einer 58 m langen Plattform. Die Vorderseite ist in mehrere Räume gegliedert, die monumentale Rückseite wirkt wie die Kulisse zu einer märchenhaften Inszenierung. Ganz funktionslos waren die Türme nämlich nicht. Der südliche hat eine Treppe, die der Herrscher oder Priester unbemerkt betreten konnte, um dann wie aus dem Nichts in der oberen Öffnung zu erscheinen – zum Erstaunen der Massen. Im Licht der Nachmittagssonne kommt die Maske am mittleren Turm besonders schön zur Geltung: Der Jaguar verschlingt die Sonne.

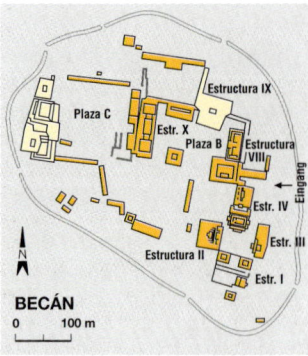

BECÁN
0   100 m

Río Bec und Hormiguero

Nur auf ausgefahrenen Feldwegen zu erreichen ist **Río Bec,** die Stätte, die Region und Architekturstil den Namen gegeben hat; nach **Hormiguero** mit seinem gigantischen, nur mäßig erhaltenen Erdmonster wurde der Weg geebnet. Ausflug im Taxi (Jeep) ab Xpujil: 30 US$ pro Person.

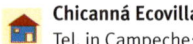 **Chicanná Ecovillage Resort,** Tel. in Campeche: (9) 8 16 22 33. Großzügige Bungalows im Maya-Stil in gepflegter Gartenanlage mit Pool; gute internationale Küche. ❍❍–❍❍❍

Mirador Maya (nahe Xpujil-Ruinen) und **Calak Mul** (im Ort) servieren Hausmannskost und vermieten einfache Bungalows. Beide ❍

Chakanbakán

»Umgeben von Savannen« bzw. Lagunen in der Regenzeit, erhebt sich Chakanbakán, eine gewaltige Pyramide, deren Haupttreppe von gigantischen Stuckmasken olmekischen Charakters (Präklassik) gesäumt ist. Insgesamt 18 wurden unter den Überbauungen entdeckt, freigelegt sind sechs. Am Fuß der Pyramide, von der aus *sacbéob* in alle Himmelsrichtungen streben, befand sich ein Altar.

*Kohunlich

Riesengroße Masken aus Stuck sind auch Markenzeichen von Kohunlich. Fünf großartige an der **Pyramide der Masken** (500–600 n. Chr.) tragen noch rote Farbe. Sie repräsentieren den Sonnengott Kinich Ahau. In der Maya-Mythologie gleicht die Morgensonne, die dem Erdmonstrum entweicht, einem jungen Gott. Beim Untergang im

Kohunlich: Masken symbolisieren den Sonnengott Kinich Ahau

Westen ist der Sonnengott gealtert, verwandelt sich in einen Jaguar, um dann wieder in der Dunkelheit der Unterwelt zu verschwinden.

Die Sonne spielt in dieser vorwiegend mayaklassischen Stadt (300 bis 1100) bewohnt) eine geheimnisvolle Rolle. Hier ist es der 12. April (auch 11./13. 4.), an dem die untergehende Sonne durch eine Öffnung im westlichen Bau **(El Rey)** der Plaza Principal den gegenüberliegenden **Templo de las Estelas** magisch beleuchtet. Um diesen Tag beginnt das Abbrennen der Maisfelder vor der Aussaat (s. S. 86).

Den zentralen Platz, der schräg abfällt, um das Regenwasser in einer *aguada* (s. S. 14) zu sammeln, überragt die Akropolis mit Wohnräumen der Herrschenden. Im Süden, über einen Waldweg zu erreichen, wurde der Gebäudekomplex **Los 27 Escalones** (750–1100) freigelegt. Die anmutige Anlage mit Patios und Gärten war Wohn- und Begräbnisort der Elite.

🏠 **The Explorean Kohunlich,** an der Zufahrt zur Zona arqueológica (km 8). Schmucke, komfortable Maya-Hütten mitten im Dschungel. Ausflugsprogramm. Reservierung in Mexiko-Stadt: Tel. 53 26 69 00. ○○○

*Dzibanché

Von der Mex 186 zweigt die Straße zu den archäologischen Zonen von Kinichná und Dzibanché ab (23 km, die letzten 6 km in sehr schlechtem Zustand). Letzteres bedeutet »auf Holz geschrieben« und meint einen hölzernen Türsturz mit Kalender-Glyphen im **Templo de las Dinteles** (VI). Um die Plaza Principal gruppieren sich vier gewaltige Pyramiden. Templo I ragt weit über das Blätterdach auf und ermöglicht den Blick über die Landschaft. Unter Templo II fand man 1994 ein mit Jadeschmuck, Obsidian und Keramik ausgestattetes Königsgrab.

Chetumal

Chetumal (ca. 130 000 Einw.), 475 km, ist stolz darauf, den Titel der Hauptstadt von Quintana Roo gegen Cancún behaupten zu können, außerdem auf seine kilometerlange, breite Uferpromenade und die schöne Lage an der riesigen Bucht. Sie war schon den Maya als schützender Hafen bekannt, den sie Chactemal nannten.

1898 ließ General Porfirio Díaz einen schwimmenden Grenzposten *(Pontón)* zwischen damals British Honduras (Belize) und Mexiko errichten, um die Aufständischen vom Waffennachschub abzuschneiden und dem Krieg der Kasten (s. S. 16) ein Ende zu bereiten: Das neue Chetumal wurde gegründet, um die Maya nach 1544 ein zweites Mal zu erobern.

Zum 100. Jahrestag der Stadtgründung wurden der Pontón nachgebaut und die wenigen erhaltenen karibischen Holzhäuser restauriert. Chetumal florierte in der Vergangenheit zunächst als Ausfuhrhafen für Edelhölzer, später durch den Status einer Freihandelszone (bis Mexikos NAFTA-

6

Seite **93**

Betritt 1994). Seither leben die Bewohner vom »Wunder«, wie sie sarkastisch behaupten. Für Touristen ist die Stadt v. a. Übernachtungsort.

Tipp Modelle bedeutender Maya-Bauten unter einem Glasboden demonstrieren Architekturstile. Ein Kanu mit Lebensmitteln und Handelsgütern vor einem Wandbild des Regenwaldes steht für den Alltag. Ein riesiges Rad lässt die Zeichen der Kalenderzyklen ineinanderlaufen, ein Computer stellt Rechenaufgaben im Zwanzigersystem, und bei Fragen nach Schriftzeichen sind Glyphen anzuklicken. Multimedial, überaus anschaulich und vergnüglich zugleich vermittelt das ****Museo de la Cultura Maya** ein einprägsames Bild von den vielen Facetten der Maya-Welt. Öffnungszeiten: Di–Sa 9–20, So 9–14 Uhr.

Flugverbindungen: Cancún; Flores/Tikal (nicht tgl.).
Busverbindungen: Cancún, Mérida, Campeche, Belize, Tikal.

 Holiday Inn, Av. Héroes 171, Tel. (9) 8 32 16 07, Fax 8 32 16 76. Modernes Haus, viel Betrieb, gute Küche. ○○○
Los Cocos, Av. Héroes 134, Tel. (9) 8 32 05 44, Fax 8 32 09 20. Angenehmes Haus; Zimmer etwas abgewohnt (○○). Wenn der ganze Ort schon schläft, gibt es in der Cafetería/Bar immer noch einen Drink.

La Troje de Sergio's, Blvd. Bahía. Italienische Gerichte, Fischspezialitäten. ○○
Arrachera de Don José, Blvd. Bahía. Populäre Taquería. ○

Nach Felipe Carrillo Puerto

Wenige Kilometer außerhalb von Chetumal überspannt der **Puente Internacional** den Río Hondo und stellt die einzige Straßenverbindung zwischen Mexiko und Belize her. Ab der Grenzstation Subtte López (langwierige Abwicklung) 170 km bis Belize City.

6

Seite 93

Tres Garantías

Jahrzehntelang betrachteten Holzfirmen den Regenwald als Selbstbedienungsladen. Die Schneisen, die sie besonders im Süden von Campeche und Quintana Roo geschlagen haben, sind aus der Luft deutlich zu erkennen. Jetzt wollen die Bewohner ihre Belange selbst in die Hand nehmen. Die Dorfgemeinschaft *Tres Garantías* (südlich der Mex 186) hat ein Projekt entwickelt, um das ökologische Gleichgewicht zu bewahren und gleichzeitig den eigenen Lebensstandard zu verbessern. Holzeinschlag und Jagd, die traditionellen Einkommensquellen, werden nunmehr kontrolliert. Andererseits haben sie mitten im Dschungel ein paar Hütten für naturinteressierte Touristen erbaut. Die werden von den Frauen des Dorfes bestens bekocht, von den Männern zur Tierbeobachtung begleitet. Besucher erfahren viel Wissenswertes über den Wald, z. B. die *Chicle*-Gewinnung, und können sich ganz nebenbei wie Entdecker fühlen: Garantiert unter jedem Hügel liegt ein Maya-Bau verborgen. Informationen: Francisco Quinto A., Tel. (9) 8 32 52 32, Fax 8 32 98 02.

Die Mex 307 nach Cancún führt entlang der *Laguna de Bacalar, wegen ihrer schillernden Farben auch *Laguna de Siete Colores* (»Lagune der sieben Farben«) genannt. Das glasklare Wasser und die Vegetation ließen die Lagune zu einem Dorado für Wassersportler und reiche Städter werden.

Mit der fast 50 km langen und bis 2 km breiten Laguna verbunden ist der **Cenote Azul** (am Anfang der Uferstraße), der zum Schwimmen und Paddeln einlädt. Die dunkelblaue Farbe verdankt er seiner Tiefe (70 m).

 Cenote Azul. Das Restaurant wirkt wie eine Grotte. Spezialitäten: frischer Fisch und Wildgerichte. Öffnungszeiten: 9–21 Uhr. ○○
❚ **Club de Vela.** Fisch, Wild und regionale Spezialitäten. Badeplatz und Bootsverleih. ○○

Das **Fort San Felipe**, das ein *Museum* zur Geschichte der Region aufgenommen hat, wurde 1729 zur Abwehr englischer Piraten errichtet. Während des Kriegs der Kasten verschanzten sich die weißen Bewohner von **Bacalar** gegen die Maya-Rebellen. Sie besetzten 1858 das Fort. Der Ort wurde verlassen und erst ab 1902 wieder besiedelt.

 Rancho Encantado. Romantische Bungalows am See. ○○
❚ **Hotel la Laguna.** Einfache Zimmer in wunderschöner Lage, fast alle mit Balkon und Aussicht über den See. ○

Die Halbinsel **Xcalak** zwischen Majahual und Xcalak ist neues Ziel für den Ökotourismus.

 In Xcalak (Sandpiste) kann man unter Palmen campen.
❚ Majahual hat neben einigen Cabañas und Tauchshops bereits ein Hotel, das **Majahual Caribe.** ○○

Chicle-Gewinnung am Chicozapote-Baum

❚ Hotel **Maja Ha Resort** am Strand; Bauten im Stil von Maya-Palästen sorgen für Luxus; organisierte Touren für Taucher und in die Wildnis. ○○○

Die Fischer verdienen sich ihr Geld mit Bootsfahrten zum **Banco de Chinchorro.** 2 Stunden vor der Küste lockt das größte Korallenatoll Mexikos mit Wracks der verschiedenen Epochen die Taucher und Schnorchler.

Tipp **Tauch-Touren** veranstaltet Ecoturística de Xcalak, Calle 22 de Enero 167, Chetumal, Tel. (9) 8 32 16 61, Fax 8 32 84 79.

Felipe Carrillo Puerto, 165 km, ist ein trostloser, heißer Ort. Am Hauptplatz erinnert die Kirche Nochoch Balam Na (»Gottes großes Haus«) an den Krieg der Kasten. Im Santuario de la Cruz, einer Kapelle an einem Cenote, werden weiterhin die »sprechenden Kreuze« verehrt und Beweise für deren Wunderwirkung gesammelt.

Die 100 km bis Tulum führen am Rand des Biosphärenreservats Sian Ka'an (s. S. 64, 65) vorbei.

6

Seite **93**

Das Kalendersystem der Maya

Grundidee des Maya-Kalenders ist die eines zyklischen Zeitablaufs und der Göttlichkeit jedes Tages. Dieser wird nicht nur von den Göttern beeinflusst, sondern ist selbst ein Götterpaar, ausgedrückt in den Tagesnamen des Tzolkin-Jahres wie 1 Ik, 12 Imix, 5 Ahau.

Der Maya-Kalender besteht aus Zyklen, die wie Zahnräder ineinander greifen. Beginn der Zeitrechnung war der 13. August 3114 v. Chr., der Tag der Erschaffung der Welt (4 Ahau 8 Cumcu). Die Dauer der Zyklen ist abgeleitet aus Mond- und Planetenumläufen, der Bewegung von Sternbildern, dem Vigesimalsystem usw. Jeder Tag gehörte jedem der Zyklen an, sein Name war das Bild seiner Position innerhalb der Zyklen.

Der wichtigste, *Tzolkin,* die »heilige Runde«, wird aus den Zahlen 1 bis 13 und 20 Tagesnamen kombiniert, ist 260 Tage lang (Zeit der Schwangerschaft bei Menschen). Tzolkin beginnt mit 1 Imix, es folgen 2 Ik, 3 Akbal usw., vorstellbar durch Abrollen des innersten Rades im mittleren. Nach 13 Tagen ist das Tageszahlenrad wieder bei 1 angelangt und wir sind bei 1 Ix usw. Der 261. Tag heißt wieder wie der erste, 1 Imix, und Tzolkin beginnt erneut.

Ein zweiter Zyklus, *Haab,* dauert 365 Tage (Sonnenjahr) und ist in 18 Monate à 20 Tage und einen 5-tägigen Kurzmonat, »Uayeb« (Schlaf), eingeteilt. Er galt als eine Unglück bringende Zeit. Der erste Tag von Haab heißt 1 Pop, der zweite 2 Pop usw. Tzolkin- oder Haab-Namen werden kombiniert. Das Kalenderrad zeigt z. B. den Tag *12 Ik 19 Cumcu;* der folgende ist *13 Akbal Sitzender Uayeb* (der letzte Tag eines Monats heißt »Sitzender« plus nächster Monat).

Das kleinste gemeinsame Vielfache der beiden Zyklen ist 18 980 = 52 x 365 = 73 x 260, d. h. nach der »Kalenderrunde« von 52 Haab-Zyklen (73 Tzolkin-Zyklen) sind die drei Räder in exakt derselben Position (1 Imix 1 Pop) wie 52 Haab-Jahre zuvor. Die neue Kalenderrunde wurde meist mit neuen Bauten eingeleitet.

Außerdem existierte eine Langzeitrechnung, die auf dem »Rundjahr« von 18 Monaten à 20 Tagen basierte, *tun* (»Stein«) genannt, da an dessen Ende jeweils ein Gedenkstein errichtet wurde. Nulldatum war der Tag der Erschaffung der Welt, in moderner Transskription notiert als 13.0.0.0.0. Die unterste Stelle (rechts) zählt Monatstage (*kin;* 1–20), die nächste, links daneben, die Monate (*uinic;* 1 bis 18), die dritte die Jahre (*tun;* 1 bis 20), die vierte jeweils 20 Jahre (*katun;* 1–20), die fünfte die Perioden von 20 x 20 Jahren (*baktun;* 1 bis 20) usw. Irritierend ist beim Nulldatum vielleicht die 13. Sie entspricht der Null und springt auf 1 um, sobald sich in der 4. Stelle von rechts 20 Einheiten angesammelt haben.

In dieser Transkription müsste der 2. Januar 2000 als 2.0.0.0.1.2 geschrieben werden; in der Vigesimal-Notation der Maya ist dieser Tag 12.19.6.15.1, seine Position in der Kalenderrunde: 10 Imix 9 Kankin.

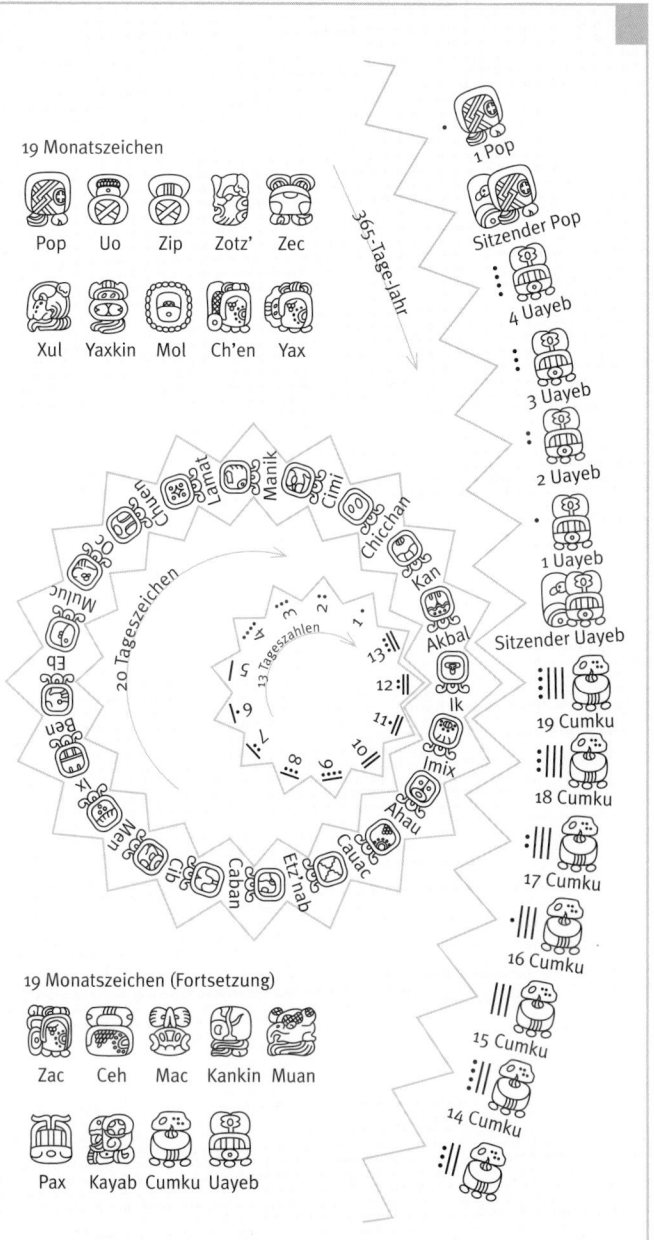

19 Monatszeichen

Pop Uo Zip Zotz' Zec

Xul Yaxkin Mol Ch'en Yax

365-Tage-Jahr

1 Pop

Sitzender Pop

4 Uayeb

3 Uayeb

2 Uayeb

1 Uayeb

Sitzender Uayeb

19 Cumku

18 Cumku

17 Cumku

16 Cumku

15 Cumku

14 Cumku

20 Tageszeichen

13 Tageszahlen

Lamat Manik Cimi Chicchan Kan Akbal Ik Imix Ahau Cauac Etz'nab Caban Cib Men Ix Ben Eb Mulúc Oc Chuen

19 Monatszeichen (Fortsetzung)

Zac Ceh Mac Kankin Muan

Pax Kayab Cumku Uayeb

Infos von A–Z

Archäologische Stätten
Öffnungszeiten: tgl. 8–17 Uhr, abgelegene Stätten evtl. ab 9 Uhr, viel besuchte wie Chichén Itzá bis 18 Uhr. Die Eintrittspreise sind gestaffelt nach Bedeutung und Besucherandrang, von 10 Pesos bis 75 Pesos. Sonntags freier Eintritt, auch in staatlichen Museen.

Diplomatische Vertretungen
❚ **Deutsches Honorarkonsulat:** Punta Conoco 36 S. M. 24, Cancún, Tel. (9) 8 84 15 98, Fax 8 84 53 74; Mo–Fr 8–14 Uhr; Notruf: Tel. 90-987-429 07. *Botschaft* in Mexiko-Stadt, Tel. 52 83 22 00, Fax 52 81 25 88.
❚ **Österr. Honorarkonsulat:** Cantera 4 S. M. 15, Cancún, Tel./Fax (98) 84 75 05; Mo–Fr 9–14 Uhr; Notruf: Tel. 52 51 97 92.
❚ **Schweizer Botschaft,** Mexiko-Stadt: Tel. 55 20 30 03, Fax 55 20 86 85.

Einreise – Ausreise
Zur Einreise benötigt man einen bei Ausreise mind. 6 Monate gültigen Reisepass und eine Touristenkarte, die im Flugzeug ausgegeben und bei der Einreise abgestempelt wird. Die Kopie dient als Aufenthaltserlaubnis – gültig 30 Tage (auf Verlangen 90 Tage). Sie muss bei Ausreise vorgelegt werden. Für Abstecher nach Belize oder Guatemala sollte man sich für die Wiedereinreise nach Mexiko die Touristenkarte vorab beim mexikanischen Konsulat/Verkehrsbüro besorgen.

Fotografieren
Filmmaterial sollte man in ausreichender Menge mitbringen. Für das Filmen (Video) in archäolog. Zonen wird pro Anlage eine Gebühr von 30 Pesos erhoben. Fotografieren mit Stativ ist gebührenpflichtig, Blitzlicht generell verboten. Anders als die Indígenas im Hochland haben die Yucatán-Maya kaum Scheu vor der Kamera. Wer Menschen fotografieren möchte, sollte dennoch um Erlaubnis fragen.

Geld
Währungseinheit ist der Peso (wie der US-Dollar mit $ gekennzeichnet), der 100 *Centavos* hat. Es gibt Münzen zu 5, 10, 20 und 50 Centavos sowie zu 1, 2, 5, 10, 20 und 50 Pesos; Scheine zu 10, 20, 50, 100, 200 und 500 Pesos. Die Wechselbüros am Flughafen Cancún bieten den schlechtesten Kurs.

Kreditkarten sind weit verbreitet, gelegentlich wird jedoch ein Aufschlag von 7 % erhoben. Für die Reisekasse sind US$, in bar oder als Reiseschecks, zu empfehlen.

Gesundheit
Impfungen sind nicht vorgeschrieben und für den Badeurlaub nicht erforderlich. Wer jedoch (in der Regenzeit) einen Trip in Urwaldregionen plant, sollte sich zu Hause von einem Arzt über Malariaprophylaxe beraten lassen; Impfungen gegen Tetanus, Polio und Diphterie eventuell auffrischen.

In Touristenzentren ist die Versorgung mit (mehrsprachigen) Ärzten und Apotheken sehr gut ist, dennoch empfiehlt sich eine Notfallapotheke, Mücken- und Sonnenschutz mitzunehmen. Viele Hotelanlagen haben eigene Trinkwasserversorgung. In ländlichen Gebieten kein Leitungswasser trinken! Mineralwasser ist erhältlich.

Information
❚ **Mexikanisches Fremdenverkehrsbüro,** Taunusanlage 21, 60325 Frankfurt/M., Tel. (0 69) 25 34 13 (Info), 25 35 09, Fax 25 37 55; www.mexiko-reisetipps.de.
❚ **Auskunft innerhalb Mexikos** (gebührenfrei): Tel. 01-800-44-MEXICO.

Informationsbüros gibt es an vielen touristisch interessanten Orten.

Kleidung – Ausrüstung

Im Strandoutfit sollte man nie ins Restaurant oder zum Shopping gehen! In Städten wie Mérida und Campeche kleidet man sich eher konservativ. Im Dschungel sollte man lange Hosen, langärmelige Hemden und feste Schuhe tragen, letztere auch beim Pyramidenklettern. Nicht vergessen sollte man eine wärmende Hülle. Unverzichtbar für die Tierbeobachtung: das Fernglas. Eine Taschenlampe ist empfehlenswert.

Kriminalität

Mexiko ist ein weitgehend sicheres Reiseland und das ländliche Yucatán ganz besonders. Vorsicht ist im Gedränge (Bushaltestellen, Märkte) geboten, ferner sollte man am Strand nichts unbeaufsichtigt liegen lassen. Wertsachen im Hotelsafe deponieren!

Nicht in Cancún, sondern in Playa del Carmen und an den Stränden von Tulum werden die meisten Diebstähle gemeldet. Einige Banden haben sich auf die Nachtbusse zwischen Palenque und Mérida spezialisiert, in denen sie schlafende Touristen berauben.

Mehrwertsteuer (IVA)

Sie beträgt 15 %, für Quintana Roo 10 %. Zum Zimmerpreis kommt eine Hotelbelegungssteuer von 2 %.

Öffnungszeiten

❚ **Museen:** 9/10–17/18 Uhr, manchmal bis 20 Uhr, meist Mo geschlossen.
❚ **Banken:** Mo–Fr 9–13.30 Uhr. Wechselstuben in Cancún: 9–21 Uhr.
❚ **Geschäfte:** 10–20 Uhr; auf dem Land haben viele Läden über Mittag (ca. 14–16 Uhr) geschlossen.
❚ **Shopping Malls:** 10–22 Uhr, **Supermärkte** 8–22/24 Uhr (auch So).

Post

Briefe und Karten dauern als Luftpost (*correo aéreo*) ca. 10 Tage nach Europa. Souvenirgeschäfte helfen beim Verpacken schwerer Andenken.

Telefonieren

Münztelefone sind selten, Karten- und Kreditkartentelefone weit verbreitet. *Ladatel*-Karten zu 30/50/100 Pesos sind in Geschäften erhältlich. Internat. Gespräche vom Hotel aus sind teuer. Bei Auslandsgesprächen »00« wählen (Deutschland: 00 49), bei Ferngesprächen innerhalb Mexikos »01«. Bis Ende 2000 sollte die Umstellung der Rufnummern auf 7 bzw. 8 Stellen abgeschlossen sein. Daher wurden die alten Vorwahlen auf eine Ziffer verkürzt, die zweite bzw. zweite und dritte Ziffer der Rufnummer vorangestellt. Für die Halbinsel Yucatán, Tabasco und Chiapas gilt jetzt die Vorwahl 9.

Trinkgeld

Die *propina* ist in Mexiko oft die einzige Einnahmequelle. In Restaurants sind 10–15 % der Rechnung als Trinkgeld üblich (in und um Cancún häufig mit auf der Rechnung). Gepäckträger erhalten ca. 1 US$ pro Koffer, Zimmermädchen dasselbe pro Nacht. In amerikanisch geprägten Touristenzentren haben sich höhere Trinkgelder eingebürgert. Auch Reiseleiter, Chauffeure und *guides* erwarten ein Trinkgeld.

Zeit

In Yucatán gilt die *Hora Central* (ganzjährig MEZ minus 7 Stunden).

Zoll

Für die Einfuhr persönlicher Gegenstände besteht – bis auf Filmmaterial (12 Rollen) – keine Beschränkung. Die Ausfuhr präspanischer Originale ist verboten, in EU-Staaten die Einfuhr von Waren aus Schwarzer Koralle.

Langenscheidt Mini-Dolmetscher Spanisch

Allgemeines

Guten Tag.	Buenos días. [buenos dias]
Hallo!	¡Hola! [ola]
Wie geht's?	¿Qué tal? [ke tal]
Danke, gut	Bien, gracias [bjen grasjas]
Ich heiße	Me llamo ... [me ljamo]
Auf Wiedersehen.	Adiós [adjos]
Morgen	mañana [manjana]
Nachmittag	tarde [tarde]
Abend	tarde [tarde]
Nacht	noche [notsche]
morgen	mañana [manjana]
heute	hoy [oi]
gestern	ayer [ajer]
Sprechen Sie Deutsch / Englisch?	¿Habla usted alemán / inglés? [abla usted aleman / ingles]
Wie bitte?	¿Cómo? [komo]
Ich verstehe nicht.	No he entendido. [no e entendido]
Wiederholen Sie bitte.	Por favor, repítalo. [por fawor repitalo]
..., bitte.	..., por favor. [por fawor]
Danke	Gracias [grasjas]
Keine Ursache.	De nada. [de nada]
was / wer / welcher	qué / quién / cuál [ke / kjen / kual]
wo / wohin	dónde / adónde [donde / adonde]
wie / wie viel / wann / wie lange	cómo / cuánto / cuándo / cuánto tiempo [komo / kuanto / kuando / kuanto tjempo]
Warum?	¿Por qué? [por ke]
Wie heißt das?	¿Cómo se llama esto? [komo se ljama esto]
Wo ist ...?	¿Dónde está ...? [donde esta ...]
Können Sie mir helfen?	¿Podría usted ayudarme? [podria usted ajudarme]
ja	sí [si]
nein	no [no]
Entschuldigen Sie.	Perdón. [perdon]
Das macht nichts.	No pasa nada. [no pasa nada]

Sightseeing

Gibt es hier eine Touristeninformation?	¿Hay por aquí cerca una oficina de turismo? [ai por aki serka una ofiβina de turismo]

Ich möchte einen Stadtplan / ein Hotelverzeichnis.	¿Tiene un plano de la ciudad / una lista de hoteles? [tjene um plano de la siudad / una lista de oteles]
Wann ist das Museum / die Kirche / die Ausstellung geöffnet?	¿Cuándo está abierto el museo / abierta la iglesia / la exposición? [kuando esta abjerto el museo / abjerta la iglesja / la esposisjon]
geschlossen	cerrado [serrado]

Shopping

Wo gibt es ...?	¿Dónde hay ...? [donde ai]
Wie viel kostet das?	¿Cuánto cuesta? [kuanto kuesta]
Das ist zu teuer.	Es demasiado caro. [es demasjado karo]
Das gefällt mir (nicht).	(No) me gusta. [(no) me gusta]
Gibt es das in einer anderen Farbe / Größe?	¿Tienen este modelo en otro color / otra talla? [tjenen este modelo en otro color / otra talja]
Ich nehme es.	Me lo llevo. [me lo ljevo]
Wo ist eine Bank?	¿Dónde hay un banco? [donde ai um banko]
Ich suche einen Geldautomaten.	Busco un cajero automático. [busko un kachero automatiko]
Geben Sie mir 100 g Käse / zwei Kilo Pfirsiche.	Por favor, déme cien gramos de queso / dos kilos de duraznos. [por fawor deme sjen gramos de keso / dos kilos de durasnos]
Haben Sie deutsche Zeitungen?	¿Tienen periódicos alemanes? [tjenen perjodikos alemanes]
Wo kann ich telefonieren / eine Telefonkarte kaufen?	¿Dónde puedo llamar por teléfono / comprar una tarjeta telefónica? [donde puedo ljamar por telefono / komprar una tarcheta telefonika]

Notfälle

Ich brauche einen Arzt / Zahnarzt.	Necesito un médico / un dentista. [nesesito um mediko / un dentista]

Rufen Sie bitte einen Krankenwagen / die Polizei.	Por favor, llame a una ambulancia / a la policía. [por fawor ljame a una ambulansja / a la polisia]
Wir hatten einen Unfall.	Hemos tenido un accidente. [emos tenido un agsidente]
Wo ist das nächste Polizeirevier?	¿Dónde está el puesto de policía más cercano? [donde esta el puesto de polisia mas serkano]
Ich bin bestohlen worden.	Me han robado. [me an robado]
Mein Auto ist aufgebrochen worden.	Me han abierto el carro. [me an abjerto el karro]

Essen und Trinken

Die Speisekarte, bitte.	La carta, por favor. [la karta, por fawor]
Brot	pan [pan]
Kaffee	café [kafe]
Tee	té [te]
mit Milch / Zucker	con leche / azúcar [kon letsche / asukar]
Orangensaft	jugo de naranja [chugo de narancha]
Mehr Kaffee, bitte	Más café, por favor. [mas kafe por fawor]
Suppe	sopa [sopa]
Fisch / Meeresfrüchte	pescado / mariscos [peskado / mariskos]
Fleisch / Geflügel	carne / aves [karne / awes]
Reis	arroz [aros]
vegetarische Gerichte	comida vegetariana [komida vechetarjana]
Eier	huevos [uewos]
Salat	ensalada [ensalada]
Dessert	postre [postre]
Obst	fruta [fruta]
Eis	helado [elado]
Wein	vino [bino]
weiß / rot / rosé	blanco / tinto / rosado [blanko / tinto / rosado]
Bier	cerveza [serwesa]
Aperitif	aperitivo [aperitiwo]
Wasser	agua [agua]
Mineralwasser	agua mineral [agua mineral]
mit / ohne Kohlensäure	con / sin gas [kon / sin gas]
Limonade	refresco [refresco]
Frühstück	desayuno [desajuno]
Mittagessen	comida [komida]
Abendessen	cena [sena]
eine Kleinigkeit	algo para picar [algo para pikar]

Ich möchte bezahlen.	La cuenta, por favor. [la kuenta por fawor]
Es war sehr gut / nicht so gut.	Estaba muy bueno / no tan bueno. [estaba mui bueno / no tan bueno]

Im Hotel

Ich suche ein gutes Hotel / ein nicht zu teures Hotel.	Busco un buen hotel / un hotel económico. [busko um buen otel / un otel ekonomiko]
Ich habe ein Zimmer reserviert.	Tengo una habitación reservada. [tengo una abitasjon reserwada]
Ich suche ein Zimmer für ... Personen.	Busco una habitación para ... personas. [busko una abitasjon para ... personas]
Mit Dusche und Toilette.	Con regadera y baño. [kon regadera i banjo]
Mit Balkon / Blick aufs Meer.	Con balcón / vista al mar. [kon balkon / bista al mar]
Wie viel kostet das Zimmer pro Nacht?	¿Cuánto cuesta la habitación por noche? [kuanto kuesta la abitasjon por notsche]
Mit Frühstück?	¿Con desayuno? [kon desajuno]
Kann ich das Zimmer sehen?	¿Puedo ver la habitación? [puedo wer la abitasjon]
Haben Sie ein anderes Zimmer?	¿Tienen otra habitación? [tjenen otra abitasjon]
Es gefällt mir (nicht).	(No) me gusta. [(no) me gusta]
Kann ich mit Kreditkarte zahlen?	¿Puedo pagar con tarjeta de crédito? [puedo pagar kon tarcheta de kredito]
Wo kann ich parken?	¿Dónde puedo dejar el carro? [donde puedo dechar el karro]
Können Sie das Gepäck in mein Zimmer bringen?	¿Puede llevarme el equipaje a la habitación? [puede ljewarme el ekipache a la abitasjon]
Haben Sie einen Platz für ein Zelt?	¿Les queda algún sitio libre para una tienda? [les keda algun sitjo libre para una tienda]
Ich reise / wir reisen heute ab.	Parto / Partimos hoy. [parto / partimos oj]
Wir brauchen Strom / Wasser.	Necesitamos corriente / agua. [nesesitamos korrjente / agua]

Reisen sind voller Überraschungen.

Reiseplanung
Straßenkarten
Hotelbuchung
Autovermietung
Interessensuche
Fährbuchung

Besser, Sie planen Ihre Autoreise online:
www.ShellGeoStar.de

Personenregister

Zeichenerklärung

Unsere Preissymbole bedeuten:

Hotel (DZ): ○○○ ab 100 U$$
　　　　　　　○○　 50 bis 100 U$$
　　　　　　　○　　 bis 50 U$$
　　　　　　　Für Cancún sind die
　　　　　　　Preise zu verdoppeln

Restaurant (Hauptgericht):
　　　　　　　○○○ ab 15 U$$
　　　　　　　○○　 5 bis 15 U$$
　　　　　　　○　　 bis 5 U$$

Polyglott im Internet: www.polyglott.de,
im Shell GeoStar unter www.ShellGeoStar.com,
in Beyoo unter www.beyoo.com,
im Travel Channel unter www.travelchannel.de

Alle Informationen stammen aus zuverlässigen Quellen und wurden sorgfältig geprüft. Für ihre Vollständigkeit und Richtigkeit können wir jedoch keine Haftung übernehmen.
Ergänzende Anregungen bitten wir zu richten an:
Polyglott Verlag, Redaktion, Postfach 40 11 20, 80711 München.
E-Mail: redaktion@polyglott.de

Impressum

Herausgeber: Polyglott-Redaktion
Autoren: Ortrun Egelkraut; Zahlensystem und Kalender der Maya (S. 21, 98/99)
Klaus Brod (Text), Thomas Willmann (Grafik)
Lektorat: Trudie Trox
Layout: Ute Weber, Geretsried
Karten und Pläne: Huber.Kartographie
Titeldesign-Konzept: Independent Medien-Design
Satz: Tim Schulz, Dagebüll
Satz Special: Ute Weber, Geretsried

Erste Auflage 2001
© 2001 by Polyglott Verlag GmbH, München
Printed in Germany
ISBN 3-493-58955-7
Dieses Buch wurde auf chlorfrei gebleichtem Papier gedruckt.

Die wichtigsten Sehenswürdigkeiten auf einen Blick

Das unverwechselbare Polyglott-Sternchensystem dient einer ausgewogenen Bewertung aller Sehenswürdigkeiten. Es soll Ihnen die Wahl und die Zusammenstellung Ihrer Reiseroute erleichtern.

*** eine eigene Reise wert
** einen Umweg wert
* sehr sehenswert

*** Chichén Itzá
    mit Kukulcán-Pyramide (S. 68 ff.)
*** Uxmal (S. 80 ff.)
*** Palenque (S. 87 ff.)

** Campeche
** Altstadt (S. 43 ff.)
** Sammlung »Arte Maya« (S. 43)

** Cancún (S. 46 ff.)
** Cozumel und seine Tauchreviere
   an der Südwestküste (S. 53 ff.)
** Reservat Sian Ka'an (S. 65)
** Tulum (S. 63 f.)
** Labná (S. 84)

** Edzná (S. 85 f.)
** Calakmul (S. 91 f.)
** Museo de la Cultura Maya,
   Chetumal (S. 96)
** Parque la Venta,
   Villahermosa (S. 90)
 * Mérida (S. 34 ff.)
 * Isla Mujeres (S. 57 f.)
 * Xcaret (S. 61 f.)
 * Parque Natural Xel-Ha
   (S. 63)
 * Kohunlich (S. 94 f.)

und viele weitere
*Sehenswürdigkeiten

Die Autorin

Ortrun Egelkraut

lebt als Journalistin in Berlin und berichtet über Kulturthemen. Mexiko kennt und liebt sie seit vielen Jahren. Für ihre Beiträge über touristische sowie politische und soziale Entwicklungen wurde sie zweimal mit dem Journalistenpreis des mexikanischen Tourismusministeriums, der »Silberfeder«, geehrt.